自然岩壁

德国登山协会攀岩全攻略

[德] 米夏埃尔·霍夫曼 著
张世胜 许楷 陈吾宜 译

北京体育大学出版社

策划编辑：孙宇辉
责任编辑：田　露　井亚琼
责任校对：吴　珂　刘艺璇
版式设计：嘿森林青创

北京市版权局著作权合同登记号：01-2022-0039
Title of the original German edition:
Outdoor-Klettern: Das offizielle Lehrbuch zum DAV-Kletterschein

图书在版编目（CIP）数据

德国登山协会攀岩全攻略．自然岩壁／（德）米夏埃尔·霍夫曼著；张世胜，许楷，陈吾宜译．-- 北京：北京体育大学出版社，2022.9
ISBN 978-7-5644-3603-2

Ⅰ．①德…　Ⅱ．①米…　②张…　③许…　④陈…　Ⅲ．①攀登（登山运动）Ⅳ．① G881

中国版本图书馆 CIP 数据核字 (2022) 第 010006 号

德国登山协会攀岩全攻略　自然岩壁
DEGUO DENGSHAN XIEHUI PANYAN QUANGONGLÜE ZIRAN YANBI

[德]米夏埃尔·霍夫曼　著
张世胜　许　楷　陈吾宜　译

出版发行：北京体育大学出版社
地　　址：北京市海淀区农大南路 1 号院 2 号楼 2 层办公 B-212
邮　　编：100084
网　　址：http://cbs.bsu.edu.cn
发 行 部：010-62989320
邮 购 部：北京体育大学出版社读者服务部 010-62989432
印　　刷：北京瑞禾彩色印刷有限公司
开　　本：710mm × 1000mm　1/16
成品尺寸：170mm × 240mm
印　　张：8
字　　数：162 千字
版　　次：2022 年 9 月第 1 版
印　　次：2022 年 9 月第 1 次印刷
定　　价：86.00 元

写在“嘿森林户外运动丛书”第一辑出版之际

（代前言）

2022年4月，教育部印发《义务教育课程方案和课程标准（2022年版）》，规定全国九年义务教育学校各年级均须开设体育与健康课，占总课时比例10%～11%。由此可见，体育的价值越来越得到重视。

“嘿森林户外运动丛书”是嘿森林（北京）体育科技股份有限公司（简称嘿森林）引进的一套关注户外教育和体育运动前沿领域的图书，专业性、实践性是“嘿森林户外运动丛书”的特色。德国登山协会攀岩全攻略系列五种图书是“嘿森林户外运动丛书”的第一辑，是从德国引进的攀岩教材，也是德国登山协会教练获取行业资质的指定教材。全系细分为人工岩壁、自然岩壁、攀石技术·策略·科学训练法、安全和装备、技术·策略·心理五个主题，既权威专业，又贴近实践，代表了德国攀岩领域的较高水平。我们本着将德国登山攀岩运动多年的经验和成熟的体系介绍给国内读者和攀岩爱好者的目的出版该系列图书，这不仅能为国内攀岩运动在基层推广创造有利条件，而且能为青少年户外攀岩项目提供专业支撑，助力中国攀岩运动的发展。

嘿森林致力于发展中国户外素质教育，并向社会提供优质专业的户外教育体验服务，陪伴孩子快乐成长，同时利用自身资源引进国外的户外素质教育方法和教学手段，致力于为中国青少年构建自然、和谐、阳光的素质教育成长环境，让他们“融入自然、快乐成长”。

作为一家从事户外教育的企业，重视生态文明和可持续发展是嘿森林的企业文化基础，我们坚持国家倡导的绿色发展观，从娃娃抓起，让青少年在户外运动中欣赏祖国的大好河山，用科学的方法使其与大自然友善相处，并和谐地融入大自然，帮助他们树立环保理念、提升环保意识，将爱护祖国绿水青山的理念根植于心。

在引进德国登山协会攀岩课程体系并使之落地的过程中，嘿森林与北京青少年营地教育协会、体育院校、攀岩馆等相关方进行深度合作，共同研发了“中国青少儿攀岩九级训练及评价体系”。采用分级训练有助于提高青少年儿童的攀岩技能和对攀岩运动的兴趣，培养其特长，使他们感受锻炼的乐趣，提高他们脑、心、手并用的能力，挖掘自我锻炼的潜力，从而使其养成良好的锻炼习惯，为终身体育打下良好基础，最终达到促进青少年身心健康成长的目的。

作为专业的户外运动教育机构，嘿森林将继续推出新产品，不断丰富“嘿森林户外运动丛书”。欢迎各方关注、指正，让我们一起为素质教育和健康中国贡献力量！

序

攀岩是一项健康、充满乐趣的运动。无论老少都对攀岩这项垂直运动十分青睐。同时，越来越多的攀岩馆为人们提供了参与这项极具吸引力运动的可能性。然而，攀岩的真正起源却在大自然中。

在德国许多拥有自然岩壁的地区，攀岩传统可以追溯到100多年前。当时人们的攀岩动机与现在没有实质性的差异。人们攀岩不仅为了接受运动挑战，还为了与自然亲密接触。

原生态岩壁山区为动植物提供了独特的生存空间。攀岩的魅力与自然体验紧密相关，自然体验有助于建立人与自然的和谐关系，这对年青一代是非常珍贵的。德国登山协会（DAV）的目标是为人们提供亲近自然的途径，并保护自然岩壁上动植物的多样性。

攀岩时，安全永远是最重要的。应牢记这一观念，即自然岩壁不是标准化的运动器材，应考虑诸多方面的综合因素。例如：不同的岩石种类，如石灰岩、砂岩或花岗岩；部分较大的快挂间距；攀岩指南的路线方向等。谨慎的行为与专业知识是安全攀岩的前提。因此，德国登山协会数十年来一直提供高品质的攀岩培训。

德国登山协会副主席
路德维希·武赫尔芬尼希
吉多·科斯特迈尔博士

目 录

导言：自然岩壁大有不同

你已经体验过人工岩壁和攀岩馆的喧嚣，也见识了肌肉发达的运动员、身材纤细的姑娘、跃跃欲试的小伙子、老年人与亲子组合，同时也知道德国登山协会攀岩证书的一级证书（顶绳攀登）、二级证书（先锋攀登）的内容及安全攀岩知识中最新的知识。现在，你整装待发去自然岩壁攀岩。

你或许已经去过一次自然岩壁攀岩场，发现自然岩壁攀岩场保护点的设置并不像室内那样等距离展开，在自然岩壁上寻找合适的攀岩路径也会成为问题，尽管面对种种难题，自然岩壁攀岩仍然拥有独特的魅力：在真正的岩石上攀岩，远离攀岩馆里的噪声，享受沐浴在阳光下的惬意。

自然岩壁不是运动器材

简单说来，自然岩壁的情况是千变万化的。与安全相关的内容是这本书的主题。必须提前声明：自然岩壁不是运动器材。与人工岩壁相比，自然岩壁没有所谓的建造安全标准。并且，大多数情况下也无法保障对固定点进行定期保养。

你必须对自己负责！要根据自身情况，提前制定出针对不同自然岩壁的安全准则，考察每条想攀登的线路并进行风险评估，谨慎地问自己：是否掌握必备的攀岩技能，是否做好了攀岩的思想准备。当这些路线要求复杂多样的器械操作或攀岩动作，而你不能熟练地进行这些操作或动作时，最好放弃攀登这些路线。

除了安全，你在自然环境中运动应注意：岩壁大部分分布在生态保护区。因此，攀岩时应尊重当地居民以及当地许多已有的攀岩传统。

自然岩壁不是运动器材

更多内容

本书还涉及有关安全培训及冲坠的话题，以及当下通用攀岩技术、器材的介绍。当然攀岩策略和心理也占据了重要篇幅。

自然岩壁攀岩证书涉及的内容不包括楔状岩塞、机械岩塞的使用以及高海拔大岩壁的攀爬。尽管如此，书中还是简短地介绍了可移动式固定点及保护站的搭建。

本书只是简单介绍了室内攀岩的设备和相应的安全事项。如需详细信息，你可以在《德国登山协会攀岩全攻略 人工岩壁》中找到相应内容。如果你不熟悉这些内容，则应该学习德国登山协会的室内攀岩课程。掌握了室内攀岩技术以及安全操作后，再开始自然岩壁攀岩。

自然岩壁攀岩证书颁发标准是德国登山协会培训观念的体现，建立了室内攀岩和自然岩壁攀岩的衔接点。由于自然岩壁攀岩的独特性，该培训包含攀岩安全和环保的基础知识。这些意识的建立有助于攀岩者面对多样的自然岩壁攀岩场时，相应地改变攀岩方式，而且使这项运动的魅力能延续下去。

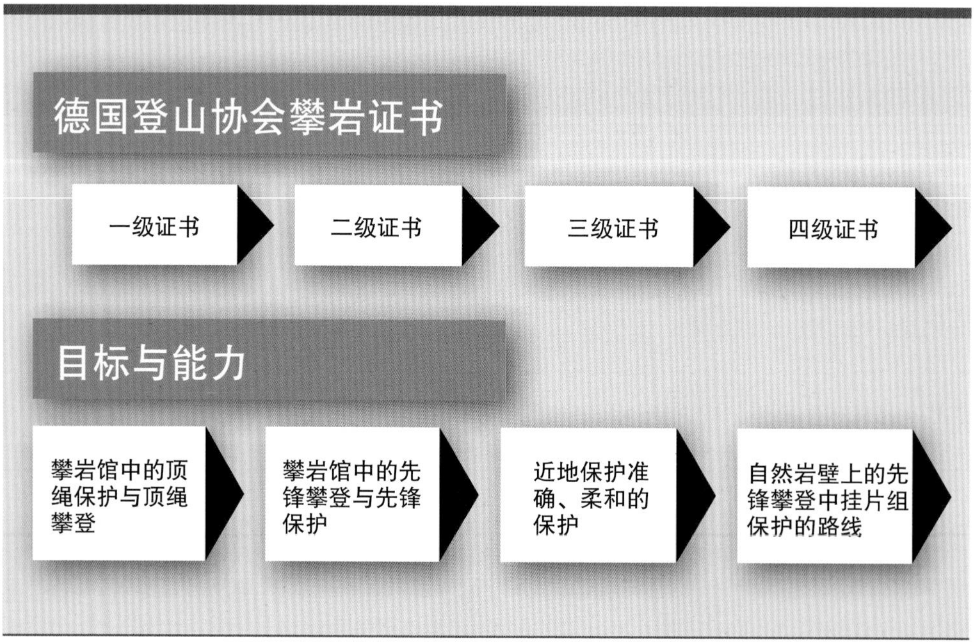

SOJER

岩壁生态圈和自然保护

几十年来，攀岩已经发展成大众运动。许多活跃的攀岩者集聚在位于山区的攀岩公园中。此外，越来越多的室内攀岩者也走向了自然岩壁，由此积攒经验，体会在自然岩壁上攀岩的乐趣。

脆弱的大自然

- 自然岩壁虽处在人类活动领域中，但仍是未被人类开发的生态孤岛。
- 自然岩壁是动植物的重要栖息地，有着丰富的生物种类。
- 在德国自然岩壁是受法律保护的生态区。

在自然岩壁攀岩时，你会发现光线、风和体感温差与普通室内攀岩相比差别很大。在自然岩壁这种独特的自然景观中，或许你还能看到珍稀动植物。

原生态地区

攀岩者的数量不断增加，但可供攀岩的自然岩壁并未增加。德国只有不到1%的地区有自然岩壁，且大多数分布在阿尔卑斯山。自然岩壁通常是未被开发的原生态地区。

自然岩壁上的生态系统通常保留了原始的自然风貌特征

与沼泽、原始森林和河流相比，自然岩壁具有无可比拟的优越性。因为沼泽、原始森林和河流在德国以及整个欧洲不是退化了就是消失了。即使那些我们感觉是原生态的地区也在这百年来被打上了人类活动的烙印，成了人文景观。

很多自然岩壁都拥有独特的动植物种群，它们是微型而敏感的生态系统，一旦被破坏便无法恢复。气候变化、有害物质输入和技术干扰都会危害这个生态系统。此外，攀岩运动员和来此放松身心的人们也会对当地的生态环境造成危害。

微型生态系统

自然岩壁就像未被开发的孤岛，被人文景观紧紧包围着。

脆弱的自然岩壁植被

- 自然岩壁植被具有特殊性，与其生存的极端气候条件相适应。

岩壁植被

游隼

■ 很多岩壁植被种类濒临灭绝且受到法律保护，尤其是自然岩壁向阳面生长的稀有植物（包括远古时代幸存下来的孑遗植物）。

尽管部分自然岩壁的海拔不是很高，但是仍跟高山生态系统有相似性。昼夜交替和四季变化时会出现巨大的气候差异。阳光照射率、水资源密集度和风向指数都会使植物生存条件复杂化。

孑遗植物

在大约12000年前的最后一个冰河时代，许多物种从阿尔卑斯山和斯堪的纳维亚半岛退回中欧的无冰区。之后气候再次变暖，很多竞争力强的物种夺回了原有的生存区，比如欧洲山毛榉。在中部山区的自然岩壁上只有来自冰川时代的适应能力强的特有植物才能生存，其中除了来自寒冷地区的植物外，还有来自地中海地区的嗜热性植物以及一些来自欧洲东北部的草原植被。一些物种具有地域特性，也就是说，它们只出现在世界上某个特定区域。

自然岩壁上的动物

■ 一些鸟类，如游隼、雕鸮、渡鸦和寒鸦，它们在自然岩壁上繁殖并依赖这片生存空间。

■ 攀岩产生的干扰会影响鸟类繁殖。

■ 在自然岩壁上还生活着爬行动物、蝙蝠、昆虫以及其他物种。

鸟类如游隼、雕鸮、渡鸦和寒鸦把小洞穴作为筑巢繁殖地。在繁殖和喂养雏鸟的时期（春、夏季），自然岩壁上的鸟类非常敏感。攀岩产生的干扰可能会导致鸟类放弃孵化雏鸟。

蝙蝠生活在较大的洞穴里，睡鼠在可避雨的岩石缝里饲养后代，蜗牛利用自然岩壁上的石灰岩帮助自己生长出外壳，并以苔藓为食；爬行类动物如蜥蜴，它们也是变温动物，充分享受着自然岩壁上阳光的温暖。很多自然岩壁上的昆虫直接以植物为食。寒冷的冬天，当自然岩壁向阳面在美丽、阳光明媚的日子里升温时，蜘蛛就会兴奋地跳来跳去。

与自然和谐相处

- 通常会有一个由当地所有攀岩者共同制定的攀岩准则，确保攀岩不会破坏大自然。
- 按照用途，攀岩准则把自然岩壁划分为不同区域。

  1. 生态休养区：禁止攀爬。

  2. 自然保护优先区：已开发的区域允许攀爬。

  3. 攀岩优先区：允许新线路攀爬。
- 山区维护员在现场执行攀岩准则，他们也是重要的攀岩咨询人员。
- 攀岩准则具有约束力，也常常具有法律效力。

早在20世纪80年代——攀岩运动的“狂飙突进”时期，就已经存在自然保护论者和攀岩者之间的冲突，并引发了激烈的讨论，最终导致部分自然岩壁被大面积封禁。

数年之后，德国登山协会才意识到参与岩壁生态圈保护的重要性。他们与合作伙伴登山爱好者协会、大自然之友协会以及普法尔茨登山者协会一起，以德国范围内“非阿尔卑斯山地区自然岩壁的登山理念”为基础，提出了针对许多地区的可持续发展方案。但是，仍有一些地区尚未达成共识。

差异性规则

人们已经证实，在一些经常进行攀岩运动的地区，差异性规则更适合攀岩运动。它以自然空间结构、保护价值和使用程度为导向，从弗兰肯汝拉山脉北部发展起来的三区概念是一个很好的例子。

- 区域1“生态休养区”：不允许开发新路线或攀爬旧路线。
- 区域2“自然保护优先区”：允许攀爬到顶环的位置，不允许再继续向上攀爬。
- 区域3“攀岩优先区”：在植被区域外，可以利用顶环开辟新路线。

在划分区域的自然岩壁上，各个区域都会贴有相应的标志。除此之外，还有叉号和箭头符号：它们被贴附在自然岩壁上，标记了允许攀爬的岩壁区域。有时这些符号也用于标记攀爬路线。

攀岩的可持续发展

自由攀登自然岩壁的权利并不是理所当然的，它需要通过各个方面的合作来实现。由此产生的“差异性规则”不仅保护了居住、生长在自然岩壁上的动植物，还为攀岩活动能长期持续性开展做出了重要贡献。

攀岩区域的标记符号

禁止攀爬的路线及区域：叉号用来标记保护区

攀爬或者下降：箭头方向

允许攀爬的区域：箭头指向可攀爬区域

地区保护

在大多数攀岩地区，志愿者们致力于进行更环保的攀岩运动，从而确保攀岩运动的可持续发展。他们通常在“攀登与自然保护工作组（AKN）”名下组织活动。德国登山协会攀登与自然保护委员会负责全国范围内的活动。

保护鸟类，禁止攀登

- 繁殖季节的临时限制。
- 繁殖季节普遍为每年的6月或7月，时间取决于鸟的种类和具体地区。

游隼生活在自然岩壁上，它们的繁殖时间为2月初到6月底，繁殖地点大多位于高耸的岩石、受到良好保护的岩壁上。由于它们直接在岩石上繁殖，其鸟蛋或幼鸟很可能遭受到寒冷和死亡的威胁。任何干扰都会导致其繁殖失败。

猫头鹰也喜欢在自然岩壁上繁殖。它们更喜欢在自然岩壁的风化岩层上筑巢。它们的最佳孵化场，位于进出方便、防雨和较隐蔽的地点。

在鸟类繁殖季节，这里不允许进行攀岩运动

窝中的两到三只幼鸟经常在学会飞行前就离开鸟巢，在岩壁上停留。它们绝非被成鸟抛弃，因为成鸟随时都在关注着幼鸟们的具体位置。如果你看到了这些幼鸟，请你尽可能快速地、悄悄地退下来。

此外，在自然岩壁上生存繁衍的还有乌鸦、寒鸦和其他鸟类。为了保护处于繁殖期的鸟类，在繁殖季节到来时，自然岩壁会完全或者部分封闭。繁殖季节根据鸟类和天气的不同而不同，在此之前你会得到通知，届时请注意现场的标志。

植被保护

- 从指定路线开始攀爬，并一直按照这条路线攀爬下去。
- 将地面营地设置在合适的、没有植被覆盖的位置。
- 不要进入岩壁的顶部，记得使用顶环或顶链。
- 不要攀爬植被繁茂的区域。

雕鸮

使用顶链；不要踏入自然岩壁顶部

在被植被覆盖的岩石区域攀岩，会损害植被。你攀爬到的地方将不会再有小草生长。避免在植被茂盛的自然岩壁上进行攀岩活动，也不要破坏岩壁上的任何植物。如果没有植被，雨水会冲走岩石上的剩余土壤。这种可供植被生长的地点一旦被破坏，会造成不可逆的后果。

清除岩石植被

有时候政府也会下令将岩石上的树木砍掉，露出底下的岩石。虽然乍一看似乎有害于自然，其实这样做有助于保护特殊的岩石植被。如果岩石的顶部被植被覆盖，那么物种多样性也会随之降低。清除岩石植被，事实上是为生物的多样性服务的。

此外，这项措施还着眼于景观保护以及旅游：从前植被茂密的自然岩壁再次可见，特色景观得以恢复。这些措施通常也保护了攀岩者的利益。裸露的岩石不仅干燥得更快，还有更明媚的阳光以供攀岩者享受。

弗兰肯汝拉山脉北部的罗伊特峰

自然岩壁攀登

许多攀岩馆都有已经设置好的顶绳以供攀岩，而在自然岩壁上，几乎不可能从一开始就使用顶绳在一条路线上攀登。因为顶点都设置在岩壁上部，攀岩者不能直接进入岩壁顶端。自然岩壁攀岩常常需要一开始进行先锋攀登并设置顶绳保护。但这还远远不够，要想在自然岩壁上攀岩，首先必须清楚所处的区域，然后寻找合适的岩壁与理想的攀岩路线。

计划和到达

- 通过攀岩导引书和德国登山协会发布的自然岩壁信息，熟悉目标区域。
- 了解现有的攀岩规定及最新的攀岩禁令。
- 拼车前往，更好的方式是搭乘公共交通工具，或者坐公交之后骑自行车到达目的地。
- 合理规划出发和停留的时间；使用规划好的露营地或旅馆。

攀岩导引书会介绍岩壁和攀岩路线，还包含必要的安全提示，概述各个岩区的攀岩难度分布。

除了攀岩导引书之外，还可以在网上找到很多信息。比如，浏览网页上对有关路线的评论，可以帮助我们熟悉现有的攀登规定。例如该区域有没有临时攀岩禁令等。

拼车出行，经济、绿色环保

到达

只有极少数的攀岩者可以在家门口攀岩，大多数人只有通过出行才能享受攀岩的乐趣。出行时，最好使用公共交通工具。与驾驶私家车相比，骑自行车和乘坐公共交通工具是绿色环保且使人身心放松的出行方式。

然而，一些自然岩壁位于山区内，人们很难乘坐公共汽车或火车到达，所以攀岩者经常驾车前往。这样一来，人们就不得不忍受私家车常见的缺点，如噪声、废气排放和交通拥堵等。

此时，拼车是一个不错的选择，不仅可以减少对环境的破坏，还能节省成本。

还应该考虑一下出行时间和停留时间。对计划一日游的攀岩者而言，如果车程花费四小时，游览两小时，只剩下一点攀岩时间，这值得吗？

蝙蝠通常栖息在岩洞内

露营

通常情况下，攀岩者若获得了当地的允许，可以进行户外露营，但在保护区内禁止野营。在停车位上丢弃的炊具、垃圾和粪便等，不仅造成了卫生问题，还将露营地弄得一片狼藉。此外，露宿在岩壁附近会干扰猫头鹰等夜行动物的活动，更糟糕的是在屋檐形岩壁下或洞穴中使用明火，产生的浓烟会破坏蝙蝠栖息地。因此，最好居住在开辟好的露营地或旅馆，只需花费几欧元（几十元人民币），就能使用当地卫生设施。此外，在此消费也可以促进当地经济发展。尽管攀岩者中的一些“害群之马”会破坏环境，但多数攀岩者遵循正确的价值导向，会提高大众对攀岩的认可度。

扎营

- 顾及当地居民，减少噪声。
- 使用指定的停车位。
- 小心停车，避免堵塞通往田野或森林的道路。
- 不乱扔垃圾，带走他人丢弃的垃圾。
- 不随地大小便。
- 了解该地区的攀岩道德规范。
- 注意区域地质特征以及是否允许使用镁粉。
- 攀岩过程应保障公平性：友好相处，不阻碍顶绳攀登的路线。

停车

使用有标识的或攀岩导引书中提及的官方指定停车场。攀岩者不应该在私人停车位、车道、农田或草地上停车。高素质的攀岩者会预订停车位，避免被其他车阻挡道路。应注意，比起私家车，拖拉机或者其他农用车需要更宽的道路和更大的停车空间。

噪声程度

攀岩者会在营地附近与当地居民产生一些矛盾，其中主要问题是噪声，因此攀岩者应避免聚集在一起，或将噪声降低到人们可接受的程度。尤其当攀岩时，不要大声斥责或咒骂。

垃圾和粪便

现在，人们的环保意识日益提高，留在岩壁上的垃圾越来越少。应该继续提高人们的环保意识，自觉带走并处理他人丢弃的垃圾，这种自发行为是对环保事业的宝贵贡献。

遵守规则的人尽享攀岩乐趣

在攀岩前，部分攀岩者会随地大小便。土地富营养化导致的后果是明显的，由于不断施肥，荨麻、白屈菜和蒲公英等氮肥植物快速生长，并取代不喜肥料的原始植被。更令人厌恶的是，人们在此小便，使植物上沾有尿液，如果没有雨水及时冲刷岩壁，岩壁就会散发出很难闻的气味，导致环境恶化。

在普法尔茨州，应谨慎使用镁粉

攀岩道德规范

了解攀岩道德规范以及当地地质的特殊性，如是否允许攀岩者使用镁粉。使用镁粉会在深色岩壁上留下清晰可见的攀岩痕迹。许多非攀岩者和传统攀岩者认为这些白色印迹破坏了岩壁的整体美感。

在一些攀岩区域，如易北河砂岩山脉地区，普遍禁止使用镁粉。在普法尔茨的板砂岩上，规定只能在难度大的路线上使用镁粉。在易北河砂岩区的砂岩上，严格禁止使用楔状岩塞和机械岩塞，所以那里的路线一直像以前那样用绳结代替岩塞进行保护。

公平攀登

公平攀登是攀岩者应当遵守的传统规则。十分常见的是，现场的攀岩者互相问候并沟通。交流后，通常每个人都可以找到满意的解决方案，选取喜欢的路线。此外，应保持礼让的风度，不要让闲置的顶绳阻碍其他攀岩者，也不应在周围长时间闲逛。如果人人遵守规则，所有攀岩者都会感到仿佛置身世外桃源，大家都会拥有好心情。

在易北河砂岩区的砂岩上，只允许使用绳结进行保护点设置

现场评估

有时在攀岩场附近会竖有标记攀岩场位置的牌子

- 注意现场的标志。抵达路径通常会在攀岩导引书中加以描述。
- 避免通过未经开发的草地或森林——不要贪图捷径。
- 提前预估一下岩壁落石的风险。
- 通过比较路线指南中列出的路线和岩壁，找到合适的攀爬路线。

找到正确的抵达路径并不是容易的事情——攀岩导引书中的描述可能不完全准确，甚至是错误的。一旦你偏离林间小路或徒步路径行进时，就要注意路线的畅通和安全。避免走入未经开发的草地或无路的林区。

禁止穿越农田或伤害农作物

人们在规划路线时，越来越频繁地运用到GPS定位系统。即使GPS为你规划出了穿越农田的路线，也不能成为你横穿农田的理由。一方面，如果每个攀岩者都企图开辟新的抵达路径，久而久之，该区域就会形成一片难看的路径网络，在陡峭的地形条件下，这就成了水土流失的源头；另一方面，经过精心设计和加固的抵达路径可以最大限度地减少攀岩者们给环境造成的踩踏负荷，并降低对动植物群落的伤害。

岩壁脚下（攀登开始处）

岩壁脚下往往是一个宜人的地方，在这里居住着昆虫、蜘蛛、蜗牛和爬行动物等一些小型物种。攀岩者的一些粗心或无知的行为很容易破坏这种小型生态环境。在岩壁脚下，几乎所有攀爬区域都存在踩踏破坏的问题。在经常进行攀岩活动的区域，攀登开始处通常不再有任何动植物存活。然而，我们决不能让这样的现象出现在更多的自然环境中。在这种情况下，记得将你的物资存放在无植被区域，并小心对待植被茂密的区域，即使在攀爬过程中也是如此。

落石

自然岩壁上会因风化和自然现象造成岩石松动、坠落，虽然落石的发生是难以

在经常进行攀岩运动的区域，攀登开始处通常不再有任何动植物存活

预测的，但当你到达岩壁脚下时仍应该作落石风险评估。

此外，自然岩壁的顶部平台与徒步小径都可能存在落石风险。永远不要无缘无故地停留在你所预估的岩石掉落路线上，在建立地面营地时不仅要选择无植被区域，还要选择可以避免落石的位置。一旦进入攀岩场区域，请戴上头盔。

寻找路线

在攀岩导引书中，部分岩壁会被分为数个不同区域。在这种情况下，第一步应当将攀岩导引书中的草图与实际岩壁情况进行比较，找出你所在的位置。下一步是找到你选择的攀爬路线。

如果路线名称已标记在自然岩壁上，那就没问题。不然的话，你可以根据路线指南中列出的路线，从岩壁一侧开始按顺序数出路线。但是，此方法的假定条件是，路线指南中列出了所有路线。但是事实并非总是如此！

通常，可以通过将每个顶环的实际高度与路线指南中的描述进行比较，来弄清楚情况。有时为了与自然岩壁的形态相匹配，路线指南的绘制也十分精确。此外，你可以用眼睛粗略估计路线的困难程度，并将你的预估值与路线指南中给出的困难等级进行比较。最后，还有非常重要的一点是，你可以询问其他攀岩者。

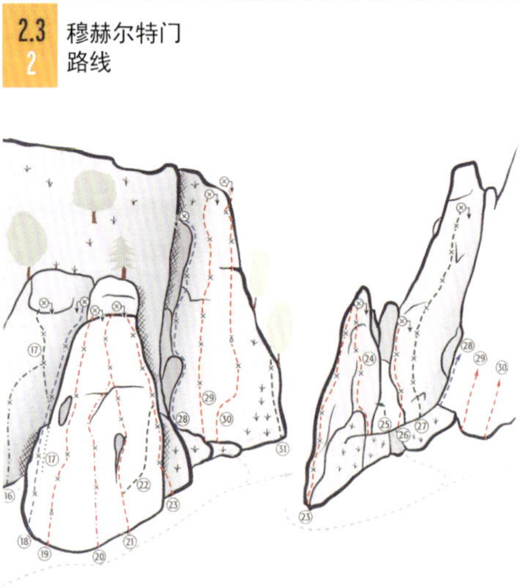

在一些路线指南中，不同的路线颜色代表着不同的难度

德国的环保攀岩导引书认证

路线评估

- 首先检查攀岩路线的岩壁状况，其次检查所选择路线的安全状况（快挂间距、坠落风险、绳子与身体的位置关系等）。
- 户外攀岩时，不存在通行保护规则，保护点的质量也无法确保。也就是说，在攀爬中你必须对自己的安全负责。检查挂片是否是新的和安全的。
- 是否存在顶点？下降时绳索是否会再次到达地面？
- 除已有的固定点外，是否还需要放置其他保护点？是否需要楔状岩塞和机械岩塞？攀爬路线时不应该把获得证书或成功完成攀登作为第一要务。
- 岩壁状况和安全设施是否与你的攀岩能力和心理素质相匹配？

自己负责

自然岩壁不是定期维护的运动器材。如果是由某协会或者政府开发的自然岩壁攀岩场所，那就意味着，他们也应该负责岩壁的定期维护——但这种情况实在是少之又少。所以通常情况下，没有人理应为某人的攀岩行为负责，即便有人对发生的攀岩事故应该负有责任，那攀岩者也很可能已经躺在医院里了，所以你要做好对自己负全责的准备，在攀爬之前，对每条线路进行安全检查。

安全检查，尽可能提前检查每一个要点

安全检查包括以下几点：

- 攀岩线路上的挂片是否已设置好，是否还需要使用其他的可移动式保护点？
- 挂片外表有无锈蚀、过度磨损，看来是否牢固？
- 快挂间距是否符合你的控制范围，至少是你能够得着的距离。
- 观察岩壁在攀爬时是否安全可靠？或者在岩壁下观察并预测，是否需要处理松动的岩石？
- 当下降时，你的绳子是否会再次到达地面（路线的双倍长度）？如果绳索太短，请参考第73页“拆保护站”。
- 是否存在顶绳攀登用顶点？尽管如今这已经是标准设置，但是不能保证每处岩壁都有。

如果存在顶绳攀登用顶点的话，那就涉及另一个问题：这个顶点是否包含主锁，还是仅有铁环或挂片？这是你站在岩壁下面难以观察到的。顶环上的主锁或梅陇锁可能被严重腐蚀了，现在已打不开了。

时间对挂片也是有影响的，尤其是已经存在了二三十年的膨胀螺栓和挂片很危险。你可以观察，挂片是通过外六角形螺母还是内六角形螺母固定在岩壁上的。在当今普遍使用的挂片套组中，挂片是通过膨胀螺栓上的外六角形螺母固定的。

虽然旧的螺栓有时仍能提供足够的稳定性，但不是百分之百的可靠。经常会出现老旧的螺栓脱落或松动的情况，这就是为什么一直建议带着审慎的眼光去检查螺栓的原因。

攀岩导引书很好，但并不是所有情形都能被事先描述清楚

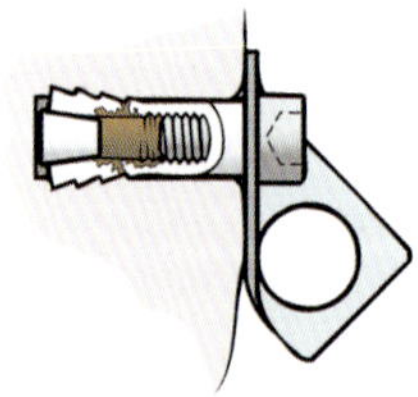

内部有锈蚀的挂片膨胀螺栓

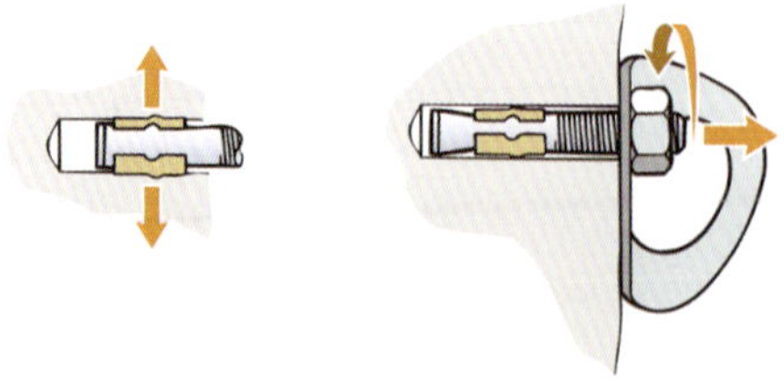

新一代挂片膨胀螺栓使用更长的外六角形螺母，便于更快捷地固定

自然岩壁攀岩装备

相比室内人工岩壁，在户外自然岩壁攀岩需要一些额外的装备。本章不按照装备使用的时间顺序来描述，你可以借此检查所携带的装备是否符合标准。《德国登山协会攀岩全攻略 人工岩壁》一书中也包括以下一些器械装备。

绳索

攀登自然岩壁时，使用攀岩单绳的合理长度为60 m或70 m，在某些地区绳索也可长达80 m，但这种情况并不常见。小直径单绳重量更轻——但对自然岩壁锋利边缘的抗磨损能力低，使用寿命也短。

直径

新一代的直径9 mm单绳能够在岩壁上快挂间更平顺地滑动，同样地，通过保护器时，其产生制动效果的摩擦力也会相应较小。这意味着需要提供更多的手部抓握力或需要一个具有更高制动力的保护器。对于经验不足的人，建议使用直径约10 mm的绳索，即使是经验丰富的攀岩者也不应低估摩擦力较小所造成的潜在风险。

绳索中点

标记绳索中点可以避免许多坠落事故的发生。在标记绳索中点的时候，不建

干燥的绳索比水浸泡后的绳索更顺畅安全

在双绳下降时，应该始终将绳索穿到绳索中点标记处

议使用胶带，因为胶带很滑，而且不耐用。使用型号为edding 3000、Retract 11或Staedtler Lumocolor的工业记号笔，静态拉力测试表明这样的记号笔的油墨不会降低绳索强度。

攀岩绳索的绳皮滑动

一个小知识点：如果你经常用60 m长的绳索攀爬15 m高的室内岩壁，一段时间后绳索上会出现一个膨胀的海绵状区域，这是由于下降时绳索持续扭曲产生的，绳索从中间方向向两侧开始发生变化。使用这种绳索攀登自然岩壁会非常不顺畅，而且许多安全器械也不支持继续使用这种绳索，所以在进行自然岩壁攀岩之前，你最好购买一条新的攀岩绳，或者将已经中部膨大的攀岩绳从原有中心位置切开，并沿着切割端的方向反复捋顺两段切割开的绳索，直到原有的海绵状区域消失为止。加热切割开的绳尾部分，直到绳芯与绳皮熔化在一起。在长度足够的情况下你就可以使用这两条切割后的绳索进行自然岩壁攀岩了。

绳包

虽然在室内攀岩时，绳包是可有可无的，但在自然岩壁攀岩时它是必需品。这样说有充分的理由，若使用绳包，你可以无需繁琐的捋绳过程，随时使用绳索。除此之外，绳包还可以防尘，从而延长绳索的使用

如有必要，用记号笔标记绳索中点

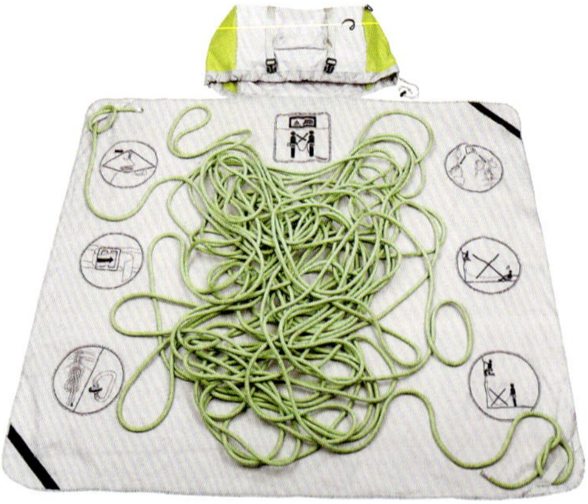

绳包和一块大的攀岩地布。绳索两端均被固定住

寿命。绳索中的污垢颗粒会带来不舒服的使用质感，并且会加速绳索磨损、老化。

攀岩地布质地坚韧且不宜太小。这样即使岩壁角度有点倾斜，你的绳索也能乖乖地待在地布上。当然，地布最好带有防水效果。

绳尾固定

你应始终将绳索的两端系在地布或绳包提供的环上。因此，绳尾会保持打结状态（参见第40页，同伴互检和沟通），其攀爬端始终可以使用，并且不会在意外情况下形成难以解开的绳结。如果你没有固定绳索两端，在攀岩给绳过程中，绳索可能缠绕打结。

安全带

安全带的用途是将绳索上的拉力尽可能舒适地传递到身体上。基本上，安全带和身体的接触面越多，力分布得也就越均匀。但是，过宽的腰环会增加额外的重量，并且还会限制攀岩者的动作自由度。每个攀岩者都必须根据自己的要求，在舒适度和自由度之间找到一个适合自己的平衡点。

坐式安全带

坐式安全带分为腿环可调节和不可调节两种类型。可调节安全带在使用中灵活性更高，它们可以在有限的范围内收紧或放松，穿戴非常方便。

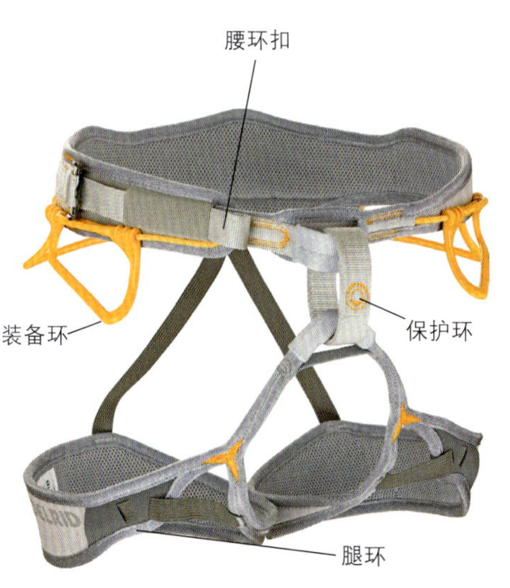

坐式安全带

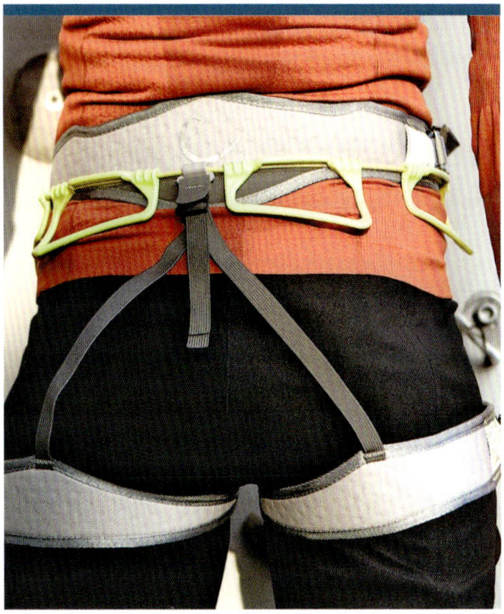

坐式安全带的装备环

在攀岩中如果想有更好的运动表现，腿环不可调节式安全带更轻巧，使用起来也更方便，不失为一个完美的选择。

反扣

反扣是一些安全带扣的正确使用方法。请注意安全带上的相应警告并仔细阅读操作说明！

对于腿环可调节的安全带，请确保调节扣位于大腿外侧，如果扣环在大腿内侧说明穿戴错误。

合身的安全带

在极限情况下，如果腿环太松，可能对人体造成很大的伤害；如果腿环太紧则会阻碍血液循环，你的脚就会变得麻木冰凉。经验法则：大腿和安全带之间，应当留一个手掌可以穿过的距离——不能多也不能少。

选择哪种安全带?

安全带腰环应位于骨盆上方并贴合身体，这样攀岩者才不会从安全带中滑出。不需要反扣的腰环具有能够“记忆”使用者腰部舒适维度的优点。攀爬人工岩壁时，两个装备环就足够了。如果你也想进行自然岩壁攀岩，那么最好使用配备四个装备环的安全带。

在购买安全带时，要测试其配戴舒适

腿环必须合身

发泡材料头盔

性，在要攀登高海拔大岩壁或多绳距结组攀岩路线时尤应如此。在悬挂8~10分钟后，选择你感受到的压力最少或根本没有压力的安全带。

头盔

虽然在室内攀岩时，大部分人没有佩戴头盔的习惯，但在自然岩壁攀岩时大家都要使用头盔。在自然环境下的岩壁，永远不能完全排除落石的可能性。与其他设备一样，头盔也须符合欧洲个人防护装备（PSA）标准，并且必须具有相应的CE（Conformity European，欧洲共同体）认证或UIAA（国际登山联合会）认证标识。

发泡材料头盔由泡沫聚苯乙烯发泡材料制成，外壳比较薄或没有外壳部分。它们可以有效抵抗冲击力，轻盈舒适，但是它们无法承受较大的机械应力，所以当你背包里装有一个发泡材料头盔时，请不要坐在背包上，以免对其造成挤压破坏。经典的硬壳头盔重量较重，但也更耐用。

快挂

一把快挂由两把单锁和缝合的快挂扁带组成，长度为10~20 cm。其中一把单锁用于连接挂片，另一把用于扣入攀岩绳索。攀岩时，你需要大约八到十二把快挂，甚至更多。

硬壳头盔

一把快挂

与只使用单把主锁相比，使用快挂可以明显减少摩擦。快挂中与绳索相连的单锁应避免扭曲或转动（比如使用橡胶固定器），这种连接方式避免了悬挂时锁具横向受力和大幅度摆动的危险。此外，使用快挂可以有效降低攀岩绳路径的扭曲度，但应注意单锁锁门前端处小而尖的棱槽，它有可能会磨损绳子。

弯门锁

锁具的形状对主锁的牢固性影响很大，所以用什么样的快挂无所谓吗？不是的！形状和结构不同，决定了不同单锁的应用领域不同。例如，弯门锁在扣入主绳时十分顺手，因此位于快挂底部，但因为它比直门锁更容易脱出，所以不应放置在挂片一端。如果一把快挂上有弯门锁，那应该将其放置于下端，与攀岩绳相连。

Keylock锁鼻

锁门锁住主锁的地方，被称为锁鼻，老式锁具的“锁鼻”有挂住绳子甚至损伤绳子的风险。自从发明了新型快挂锁鼻，这个问题便成为历史了。Keylock锁鼻还有其他的新型锁鼻系统，“Guitar”“Magic-Lock”都是攀岩界可喜的发明。

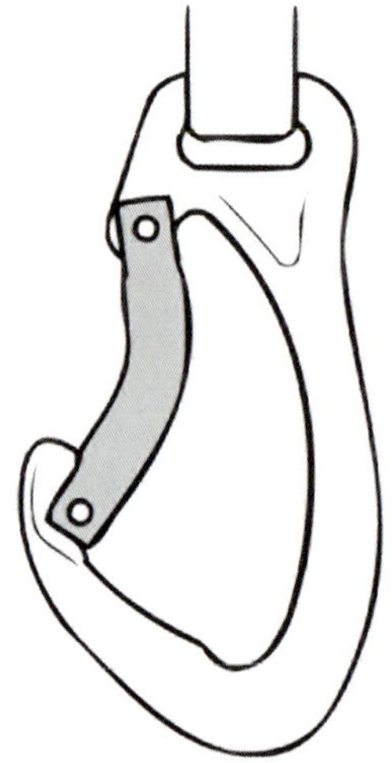

与绳子相连的弯门锁

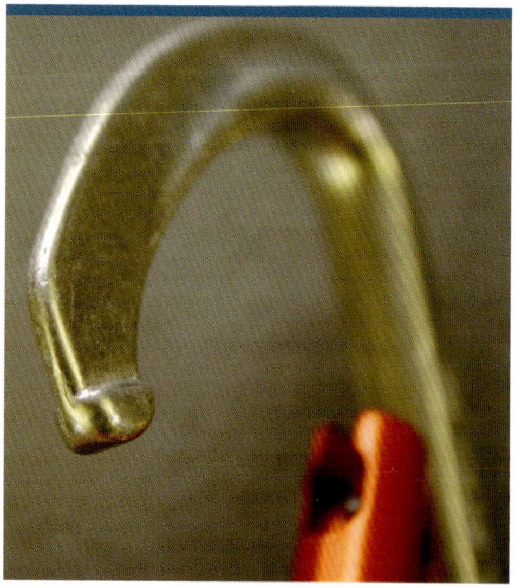

单锁上的Keylock系统

钢丝门单锁

当第一把钢丝门单锁问世的时候，攀岩界议论纷纷，如此单薄的钢丝门单锁可靠吗？是的，它不仅重量很轻，还有另外一个优点，不会再频繁出现人们一直担心的，像柱状锁门锁那样由于锁门惯性而自动打开的情况。这很重要，因为锁门打开后强度会显著降低，锁具更容易断裂。为了应对这种风险，要有一定的余量储备，通常情况下，锁链的强度应至少为9 kN或更高。不推荐使用强度只有7 kN的登山锁。

快挂看起来应该是什么样的？

- 两把单锁：上面是直门锁，下面是弯门锁。
- 两把单锁不仅形状不同，有时颜色也不一样，以便区分应挂入挂片的锁和应扣入主绳的锁。
- 应保证弯门锁不扭曲受力或横向受力。
- 自动锁抗拉力不小于9 kN。
- 单锁采用Keylock锁鼻或者相似的设计。

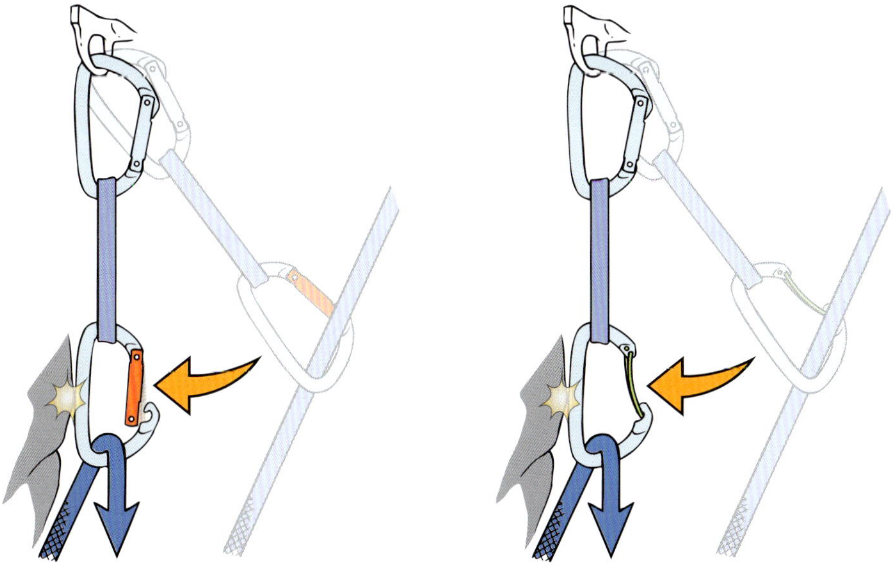

钢丝门单锁快挂锁门惯性更小，可以更好地避免锁门因自身惯性而意外打开的情况

扁带和辅绳

扁带由尼龙、混合纺织物或迪尼玛材料制成。根据标准，它们必须能够承受至少22 kN的负载，以便攀岩者在下降和设置中继保护点（沙漏型岩点——穿绳，岩钉——延长）时，可用于自我保护。缝制的成型扁带有不同的长度，标准尺寸为60 cm和120 cm。60 cm的刚好可以斜挎在肩膀上，120 cm的可以对折后斜挎在肩膀上。在初级阶段，每位攀岩者配备两条60 cm和两条120 cm的扁带，应该就足够了。

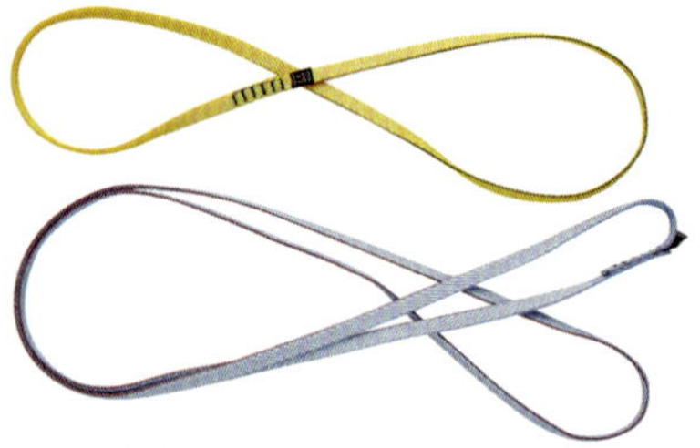

缝制的成型扁带

绳结强度

与未打结前的原材料相比，手动打结处可能会损失高达60%的抗拉强度。如果用双套结将它们固定到单锁上，可能进一步降低其强度。使用中的磨损和紫外线照射也会削弱材料的抗拉强度。快挂也是如此，尤其是老旧的、前人留在墙上的器材。

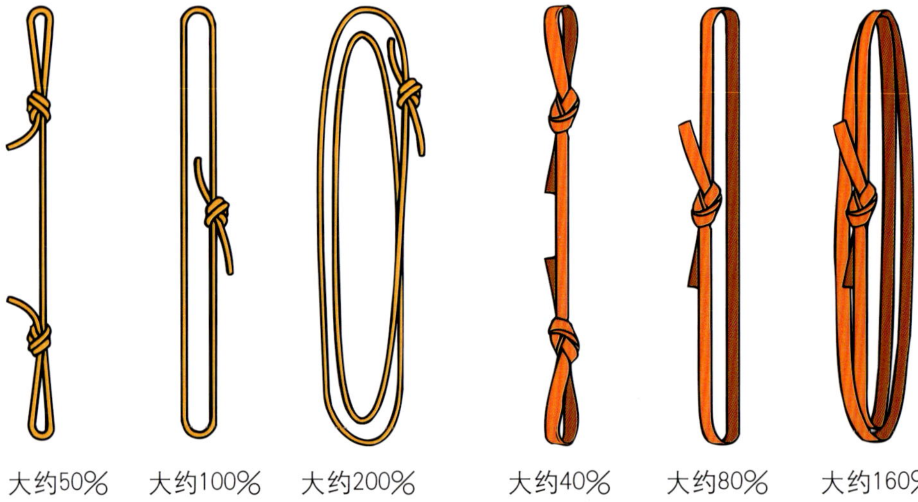

绳结强度与未打结前的原材料相比

抓结绳圈

辅绳指直径为3～8 mm的细绳。在进行沿绳索下降操作时，需要直径为5~6 mm的辅绳约90 cm，辅绳通过双渔人结或其他可靠的连接结将两端连接起来构成抓结绳圈，在进行沿绳索下降操作时用于抓结副保护。

凯夫拉（芳纶）

穿过岩壁上的狭窄孔洞设置保护点时，推荐使用一段凯夫拉（聚对苯二甲酰对苯二胺）辅绳。这种材料强度很高且耐磨性很强，很适合穿过小洞。此外，它还很可靠，仅6 mm直径的绳圈就可以构建一个完整的中继保护点。

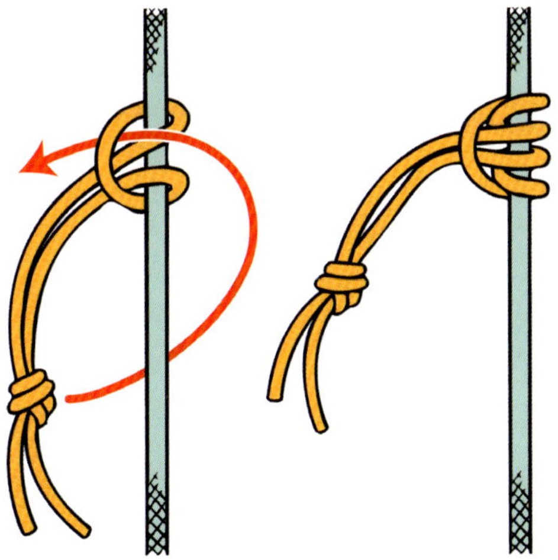

普鲁士抓结的打法

带锁定装置的主锁

带锁定装置的主锁主要是起保护作用，有时候也会被用来连接绳索和顶链。封闭式主锁主要是用来预防绳索从主锁中意外脱出。需要注意的是，带锁扣的主锁只是原则上能起到保护作用，毕竟世界上没有哪一个安全系统能提供百分之百的安全保障。

自锁安全锁

带锁定装置的主锁又分为拥有较高安全性的安全锁和带有一定不确定性的自锁式主锁。对安全锁具的规范操作，是一切安全保障的根本。

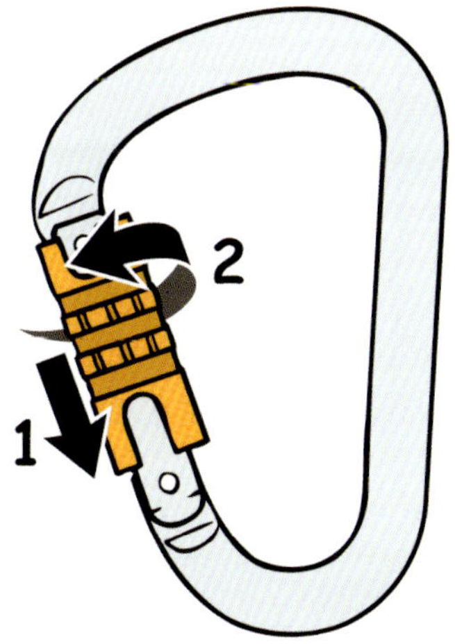

压转式自动主锁

丝扣锁

部分品牌的主锁锁门内会有显示主锁是否拧紧的颜色标记，这在视觉上增加了安全性。但需要注意的是，就算是拧紧的丝扣锁也不能说提供了“绝对”的安全保障。具体情况中会出现绳索、安全系统的扭动或者震动，丝扣锁还是有意外打开的可能。

保护器

保护器有两种类型：一类是完全依靠手动制动的保护器，如意大利半扣配合梨形锁与大多数的管式保护器；另一类则是半自锁保护器，如GriGri保护器（半自锁保护器的一种）。第一类设备需要手动操作产生摩擦力，而半自锁保护装置很像汽车的安全带：正常情况下，一旦攀岩者坠落它会锁死并让下坠的攀岩者制动。

制动速度

所有保护器的工作原理都是利用器械与绳索产生摩擦力。至于能产生多大的摩擦力，取决于保护者的姿态、握力、绳索的表层材质和绳索直径等综合因素。无论使用哪种保护器，在制动效果发生前

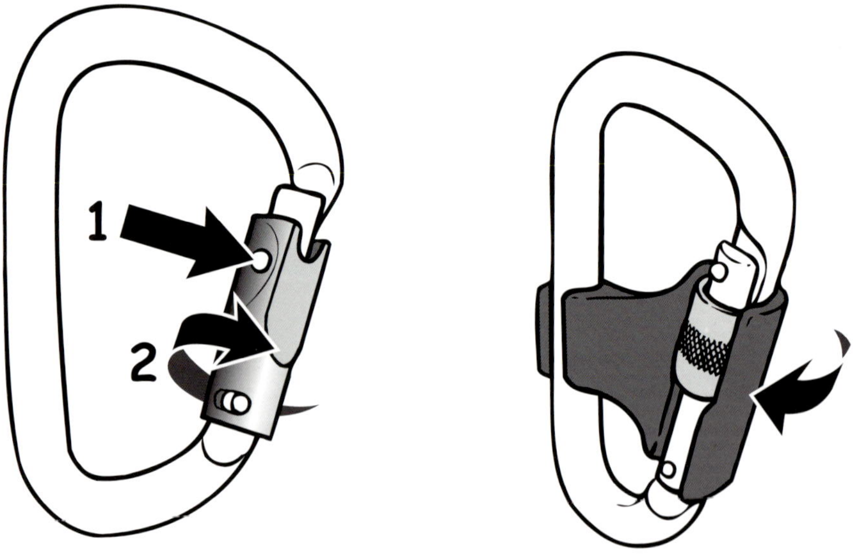

安全锁：球锁（自动锁），Belay Master主锁（非自动锁，Belay Master是英国DMM公司生产的一款丝扣主锁，并附带一个闭合部件，适合与大多数保护器一起使用。）

都会有一部分绳子通过保护器，使攀岩者继续下落：在半自锁保护器中，绳子通过长度很短；在手动制动保护器中——正如它的名字一样，视具体情况而定，有时候绳子通过保护器的长度很长，有时候很短。

攀岩者都应该知道，随着攀岩绳索滑动速度的加快，接触绳子的手会因摩擦产生灼烧感而被迫松开制动绳端，导致坠落事故的发生。虽然攀岩者往往不习惯使用手套，但是皮质攀岩保护制动手套在这种情况下十分有用。

现在生产的攀岩主绳，直径越来越小，所以使用绳索时应尤其注意：新买的绳索和旧的保护器是否可以配套使用；使用一条新的直径9 mm单绳时，攀岩者需要施加比往常大的制动力，才能安全地沿绳索下降。

以上例子表明，发生危险事故的主要原因在于错误操作，而不在于装备故障。有时攀岩者对半自锁保护器有种错误的安全感，事实上，攀岩者的粗心操作会导致意外的发生。

意大利半扣保护装置

意大利半扣与主锁是最简单的保护装置，它由梨形封闭式主锁与攀岩主绳组成。其他样式的主锁不适用于意大利半扣。

- 适用：丝扣主锁、磁力自锁主锁。
- 不适用：扭锁。

意大利半扣直接打在主锁上，锁门与制动手位于相对的位置。意大利半扣的设置应该“顺行”，“顺行”指制动绳从下方穿入登山锁。扭锁在绳索摩擦锁门仅自转四分之一圈的情况下，会意外打开，建议放弃使用。

手掌向上，关闭主锁

管式保护器

如果使用方式正确，管式保护器能充分制动，同时对绳索的磨损很小。其保护原理简单易懂，如果你想使用管式保护器获得最佳的保护制动效果，要特别注意保护器管径与新的细绳索是否匹配。比如，XP管式保护器或带有V形制动槽的Reverso 3等管式保护器具有优越的制动性能。如果你的手部力量比较弱，但还想要保护比你重的攀岩同伴，就可以使用管式保护器。

半自锁保护器

德国登山协会安全研究的测试和观察表明：在攀岩者使用半自锁保护器的过程中极易出现错误操作。正确和错误的操作之间只有细微差别。造成错误操作的原因：每名攀岩者都倾向于简化设备的操作流程，以便快速地收紧或给出绳索。而在攀岩活动中，需严格按要求使用半自锁保护器。

使用半自锁保护器时，一定要确保绳索直径和保护器匹配，尤其是直径在9mm以内的超细单绳，会让部分半自锁保护器失去自锁能力。面对这种情况，一定要留意并遵守装备说明书中的相关数据说明和建议。

可移动式保护点

德国登山协会攀岩证书中的考查内容不包含楔状岩塞和机械岩塞的使用操作。因此，它们仅出现在本书第83页以后的“进阶保护技术”中。预先说明，内容仅涉及在岩壁上如何使用一些楔状岩塞和机械岩塞并合理放置。许多攀岩机构和登山学校都提供有关该主题的课程。

制动手在管式保护器的位置（惯用右手者）

GriGri保护器的基本原理：利用摩擦力牵动机械部分进行绳索锁定（见第51页示意图）

使用ClickUp保护器时，手在制动绳上的基本位置

使用Smart保护器：通过拇指控制锁定操作杆

同伴互检和沟通

经验丰富的攀岩者都知道，即使人们穿戴好安全带并系上绳索，也会面临因小错误而造成的危险。攀岩者打绳结时分心或没锁紧主锁，就会陷入危险之中。攀岩前同伴相互检查是一项标准化流程，为攀岩者提供必要的安全保障。

人工岩壁攀岩时的相互检查

- 是否正确穿戴安全带？
- 检查绳结。
- 主锁与保护器是否装配正确？
- 绳的末端是否打好结？

同样，在自然岩壁攀岩时，绳索末端的绳尾结至关重要。许多路线上，攀岩者事先不知道绳索是否够长，从而能下降到地面。因此，忘记打绳尾结可能会导致严重的事故：下降时，如果绳索过短，绳索从保护器中脱出，攀岩者会跌落在地。所以，应该记住按照已说明的方式打上绳尾结，或将绳索的保护端固定在绳包或地布上。

自然岩壁攀岩需额外互检

- 每个挂片至少配备一把快挂，另外两把用于做保护站。
- 如果需要的话，携带额外的主锁和扁带用于做保护站和提供副保护。
- 坠落时，攀岩者会撞到头部或撞上保护者，而且会面临落石风险，所以建议攀岩者和保护者戴头盔。
- 如果攀岩者不戴头盔去自然岩壁攀岩场攀岩的话，应排除以上所提的危险因素：

你可能观察到，有一些攀岩者在户外攀岩时，很少戴头盔，不要模仿这一行为。因为，虽然仰角路线上岩石掉落的风险较低，但上方掉落任何东西都有可能对

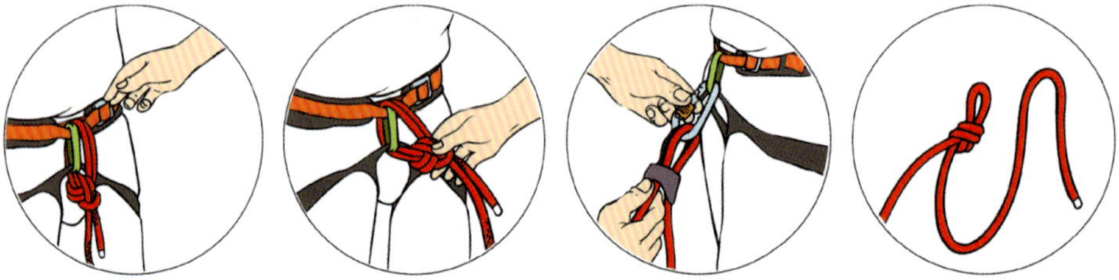

攀岩者造成无法挽回的伤害。并且优秀的攀岩者熟练掌握正确的冲坠自我保护技术，因此不可控的朝岩壁撞击的风险很小。总而言之，此情况不同于垂直路线中的先锋攀登，戴头盔应该是个人选择，不要受其他攀岩者的影响。注意区分先锋攀登和顶绳攀登。顶绳攀登时，保护者经常处在可能落石的区域外，并且攀岩者主要关注来回移动时存在的危险，但这也不应成为顶绳攀登保护者不戴头盔的借口。

沟通和口令

- 攀岩前，与自己的保护者说明所有相关问题。
- 与人工岩壁攀岩相同，“给绳”“收紧”和“下降”等口令也适用于自然岩壁攀岩。
- 下降时的额外口令——“完毕”，只有在攀岩者解除保护后才能使用。

根据岩石上攀岩者的人数，自然岩壁攀岩时可以将“给绳”“收紧”和“下降”口令与同伴的名字相结合。

作为人工岩壁攀岩者，你可能不了解：当阿尔卑斯登山运动员听到“完成”口令时，他会在不与同伴确认的情况下就解除保护。多段攀岩路线中，攀岩者之间相互保护应该有一个口令次序清晰的标准程序。如果攀岩者真的想解除保护，那么发出“完成”口令非常重要。有时在自然岩壁攀岩场中，攀岩者想要下降时也会发出这个口令，保护者要注意此时不应解除对攀岩者的保护。

攀岩同伴一起探讨并说明安全问题有两个好处：其一，相互检查比一人检查更安全。当确认器材选择、保护者的位置、保护方式和岩石质地后，降低攀岩者的误判率。其二，同伴之间互相了解想法和策略，减少一些容易产生的误解，如错误地解除保护。

额外检查：材料和头盔问题

自然岩壁攀岩安全

攀岩时，保护者通常不会设置地面固定点以确保自身安全，而且户外的地面往往不平坦，可能存在较大的沟壑或其他危险区域。所以，户外攀岩时要尤其注意攀岩者与保护者之间的体重比例。

保护位置和保护者的自我保护

- 为确保安全，尽可能选择平坦的地面。
- 若场地易将人绊倒，可在岩壁上搭建长度至少1.5 m的自我保护设施。
- 当攀岩者重于保护者或者不能避免撞击墙壁受伤的风险时，应建立一个位于保护者后方的自我保护措施。

大体重比中的自我保护措施

在自然岩壁攀岩场中，关于自我保护必须考虑以下内容：攀岩时如果攀岩者与保护者的体重比过大，攀岩者坠落或下降时，可能会将保护者拉离地面甚至撞向岩壁，这时应该使用多条扁带或攀爬绳索的自由端来设置保护者自我保护系统。将它连接到坐式安全带的保护环上，另一端连接到保护者身后的树上、巨大坚固的岩块或牢固的树根部。

自我保护措施的目的是防止保护者撞到岩壁。同时，自我保护措施也应该给予攀岩者和保护者双方足够的活动自由，特别是向上的自由。在设置自我保护装置时，应确保保护者处在正确的保护位置。通过调节松紧对保护装置进行测试，以确保它能发挥作用。

保护者站位

在保护过程中，保护者站位应位于地面保护固定点和第一把快挂之间，此时自我保护装置应被略微拉紧。如果攀岩者掉落时，保护者由于难以控制重心而摔倒，人会被向上拉起。注意：如果没有准确地站在这条线上，人将被侧向拉走——此时可能出现难以控制的空中翻滚。这种适当的自我保护措施也适用于较大的体重比。如果这条路线上有近地坠落的可能性，可以朝攀岩路线的“斜后方”构建需要的保护系统。这样可以防止同伴掉落时，被绳索碰伤或与保护者相撞。

这种类型的保护器不能连接在岩壁底部的固定点上。如果在路线的起点有可靠的岩钉，你也可以直接通过这个固定点进行保护。此时在上方的攀岩者如果发生冲坠，其所有冲击力将会没有任何缓冲地被安全带和绳索吸收，从而造成危险，缓解这种强大冲击力的唯一方法是在保护器锁死绳索之前，适当给出用于缓冲的一段绳索（参见第95页，较小的体重比）。

保护位置不理想时的自我保护

与体重比无关的另一种情况：保护者要考虑到自己的先锋攀登同伴会遇到什么，当保护者在保护过程中摔倒并导致绳索绷紧的时候，这对进行先锋攀登的同伴来说可不是闹着玩的，如果保护者的保护位置陡峭或者容易摔倒，攀岩路线起始处应设置一个地面保护者自我保护固定点。保护者可以使用合适长度的扁带或攀岩绳的自由端来固定自己。以此方式构建的自我保护系统应至少1.5 m长。此时能保证在保护者摔倒时，自我保护系统可以拉住保护者，同时不会拉紧攀爬端的绳索。

斜后方的保护者自我保护系统

临时快挂

前提是保护者的保护点也适合作为其同伴的第一个保护点。保护者挂入一把快挂作为“临时快挂”，一旦攀岩者已经到达下一个或下下个中间保护点，保护者再把它移走。如果不取下临时快挂，在攀岩者冲坠的时候就上不来了，保护者会被直接拉向保护点。总之，保护者只有一半的拉升距离可以支配，这大大增加了与岩壁发生碰撞的风险。

挂绳时坠落的冲坠距离

如果你在准备德国登山协会室内攀岩证书考试，你会看到攀岩者在试图挂绳时坠落的冲坠距离演示，如下页图。演示训练中为了安全起见，攀岩者同时使用了顶绳和先锋两种保护方式。比如攀岩者主动拉动攀岩绳，想要扣入第四把快挂，但没有成功挂上。此时攀岩者的保护同伴中的一位正在使用预设的顶绳保护他，顶绳保护者逐步给绳让攀岩者下降，直到攀岩者的体重完全转移到快挂上，攀岩者可以挂在模拟先锋攀登的攀登绳索上。

此时对很多观众来说，攀岩者的冲坠距离出乎意料的长——尽管在坠落距离中，本来还应该给出1~2 m的制动缓冲距离。

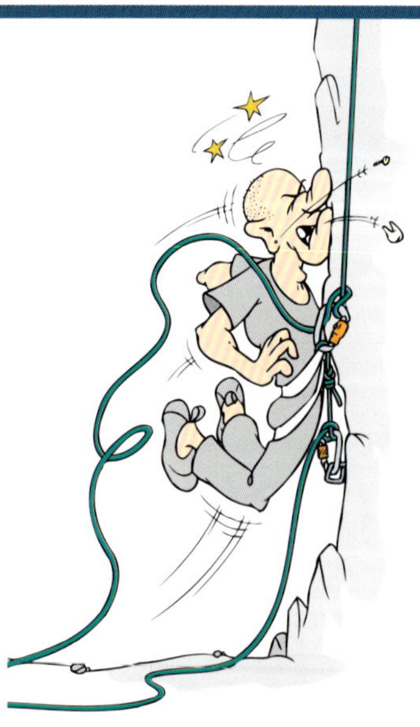

错误操作

较长的自我保护装置与临时快挂

如《德国登山协会攀岩全攻略 人工岩壁》第59页所示，在没有顶绳保护的情况下，这一方法也会导致很危险的无缓冲冲坠，所以禁止模仿这种危险的方法。

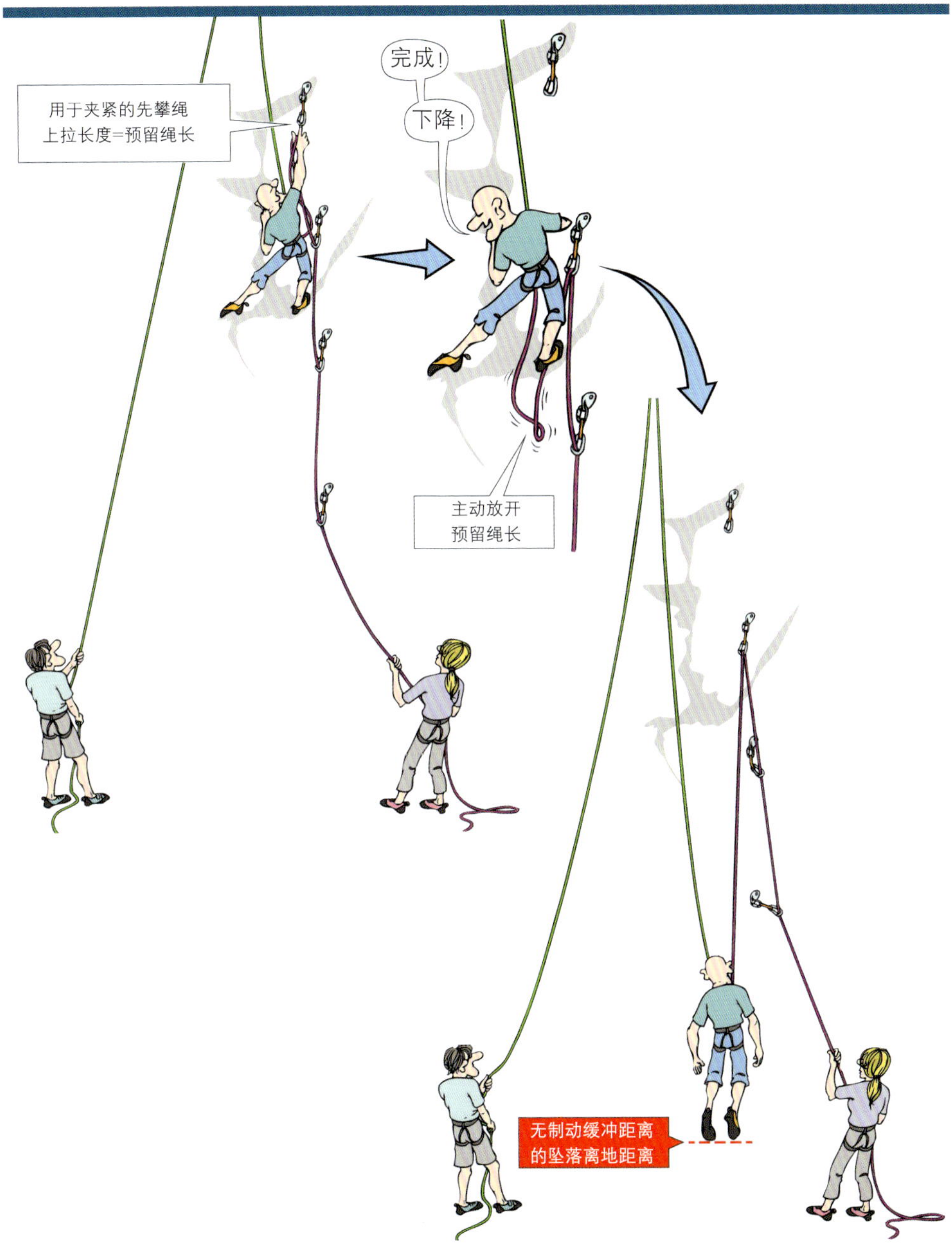

冲坠距离的演示

体重比和保护器

《德国登山协会攀岩全攻略 人工岩壁》详细介绍了不同攀岩保护器的使用方法。因此，这里不再进一步讨论。

然而，很少有资料解释如何解决使用细攀岩绳时出现的问题（参见第37页，意大利半扣保护装置），以及攀岩同伴体重不均时如何应对。

体重比

“体重比”描述的是攀岩同伴间的体重关系。“体重比”由攀岩者的重量除以保护者的重量计算得出。

体重比=攀岩者体重/保护者体重

顶绳攀登

顶绳攀登中体重比不能超过1.5。因为体重比越大，越可能出现危险，即保护者在控制攀登者下降的过程中被从地面向上拉起。可以想象，攀登者在这种情况下会有怎样的后果。

过去对先锋攀登存在不同的“限制值”。然而，事实证明，普适性的“限制值”没有意义。因为保护者的经验和技术在这种情况下起主要作用。因此，自2010年以来不再有“限制值”，而是使用说明图进行解释，根据体重比来要求保护者所需具备的能力（参见第49页图）。

保护者重于攀岩者

举一个例子：较重的朔尔施（80 kg）保护较轻的琳达（64 kg）。两者的体重比为0.8。对小于0.85的体重比，建议使用“非常积极”的直接保护。“非常积极”包含如下两个要素。合理运用两个要素中的任何一个均可实现“非常积极”的直接保护。

主动弯曲膝盖

第一要素是保护者轻微弯曲膝盖，碎步移动，并且在攀岩者坠落时也朝前移动，或主动随绳索移动。

给出用于缓冲的绳长

要素二是在保护器锁死绳子前，给出适当长度的绳索用于制动缓冲，减缓锁死速度。为此要先将制动手放在距保护装置较远处，同时确保绳索不会从制动手里脱出。

保护者与攀岩者体重相近

如果攀岩者和保护者体重大致相同（体重比在0.9~1.1之间），建议采取主动的直接保护。这可以通过上一节中描述的两种技术中的任意一种实现。注意，在正常的绳索摩擦和体重比为0.9时，为了获得较好的效果也必须采取主动给绳保护。与此相反，当体重比为1.1时，若攀岩者坠落，保护者即使没有进行主动给绳，也足够缓冲了。

保护者轻于攀岩者

如果较轻的琳达保护较重的朔尔施，此时的体重比为1.25。如果体重比大于1.15，“主动”保护便没有意义。保护者必然会被拽起，此时不能随着绳索移动，而是要用力控制住绳索，不使其移动。在这种情况下，保护者要有意识地进行试验，随着距离的增加，要如何控制住坠落，从中获得相应的经验。如果缺乏经验，那么按照已经解释过的原则搭建保护者的自我保护系统。

当体重比超过1.3时，只有真正知道攀岩者坠落时会发生什么的人才能提供安全保护。如果较重的朔尔施的体重增加5kg，那么体重比就会上升到1.3以上，现在就必须要建议琳达采取自我保护措施（参见第44页，大体重比中的自我保护措施）。

绳索和保护装置

过去攀岩界一直使用登山运动中常见的意大利半扣和8字环进行保护，保护效果优良。接着，出现了管式保护器和GriGri等半自锁保护器——自此以后攀岩运动使用专门为此运动设计的保护装置，同样收到了良好的效果。自2000年起，市场上出现了越来越多的新型保护器，其中一些产品还没能充分展示其功能，就从市场上消失了。其他产品虽已在一定程度上得以推广，但事后证明容易引发事故。虽

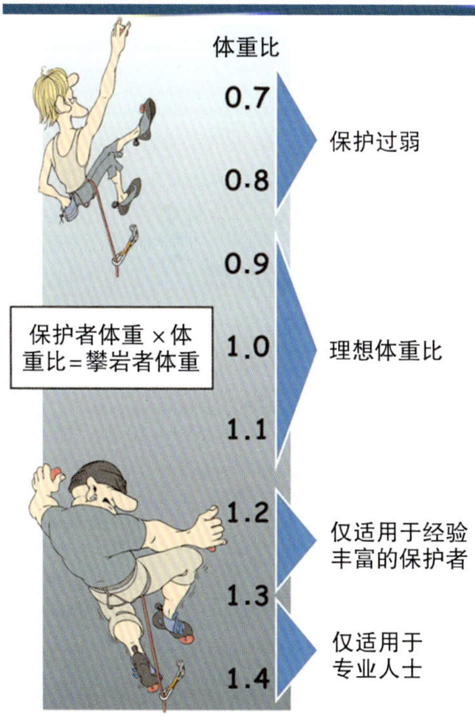

安全保护的能力要求取决于体重比

在没有任何辅助设施的自然岩壁上，所有保护装置必须合理放置。要尽可能收直绳索，但也不可收得太紧（参见第62页，沙漏型岩石地貌和柱状岩石保护体）

然市场上的产品不胜枚举，但每件新产品在使用时都需要专业技术，例如全新且经过绳皮预处理的直径为9 mm单绳，它的使用注意事项与直径为11 mm绳完全不同；针对不同的体重比，需采取相对应的保护措施，这要求使用者充分考虑不同的保护场景来选用半自锁保护器和小直径绳索。对此下面介绍了一些观点。

低级别制动

对体重非常轻的登山者，尤其是儿童，应使用管式保护器上的低级别制动。在通过保护器放攀岩者下降的过程中，你甚至必须将保护端绳索主动穿进管式保护器，以便顺利放下上方的攀岩儿童，而使用管式保护器低级别制动一侧也是为了达到相同目的。在较小的体重比中，不建议使用半自锁保护器，因为这类保护器在自动锁死前几乎不会滑出任何绳长以产生制动缓冲，而保护者也仅在有条件时才能主动随绳前进。这就意味着保护者必须非常专注地采取保护并适时给绳，哪怕出现片刻走神或错误，后果也会很严重——造成非常大的冲坠冲击力。

体重相近的攀岩者可以使用管式保护器上的正常级别制动和半自锁保护器。如果保护者在使用细绳时发现，放攀岩者下降时必须比平时更用力地按压保护端绳索以控制下降速度，那么保护者应该做些调整：提高（管式保护器的）制动级或调高半自锁保护器的制动灵敏度。

半自锁保护器

在保护者轻于攀岩者的情况下，建议使用半自锁保护器。如果攀岩者突然坠落，那么保护者会像火箭一样朝攀爬的方向飞去。他可能下意识地放开双手以保护自己不受撞击。这种情况下保护者就有可能释放制动绳端。尽管半自锁保护器也不允许制动手离开绳索制动端，但一般情况下保护器依然会自动刹住绳子。

握力

握住制动绳端的力气越大，管式保护器发挥的作用就越明显。体重较轻的

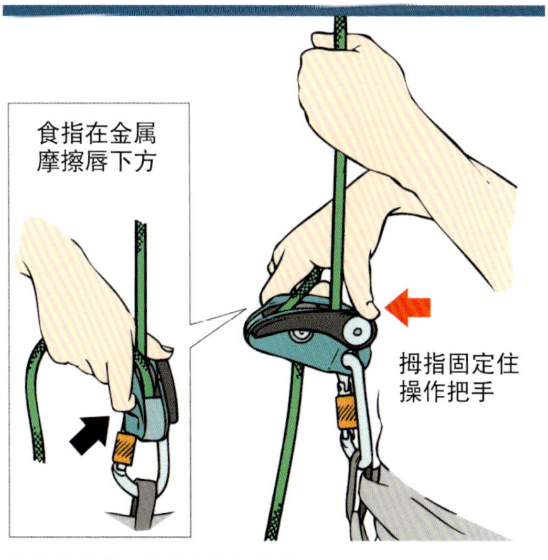

GriGri保护器上的绳索操作手型

人往往拥有较小的握力，建议使用一个有较大摩擦唇的管式保护器来弥补这种因握力小而造成的制动力不足的缺陷，但不能通过给绳时的绳索来弥补。半自锁保护器对制动绳端的控制最有效，作为体重较轻的保护者，使用半自动保护器是不错的选择，可以确保攀岩者坠落的安全性及冲坠的舒适性。

使用两把相同的主锁和管式保护器的组合装置，可以提升保护器的摩擦效率。这种组装方式成本较低，还能显著提高装置的制动效果。但在放下攀岩者的过程中，这种组装方式与之前提及的情况相同，仍然不能自锁。

利用意大利半扣保护

这是关于装备设置方向的话题。每个保护器都有一个“攀爬端”和一个“保护端”。这两个部位在管式保护器上标示明显，在配合意大利半扣使用的梨形锁上则不太明显。自2012年以来，使用意大利半扣进行保护就有明确的攀爬端和保护端的概念（部分情况下也称为左侧和右侧）。如果你将制动手放置在保护系统下方进行保护时，梨形锁的两端就很明确了。当放绳时，制动绳从下方进入主锁环形区域。

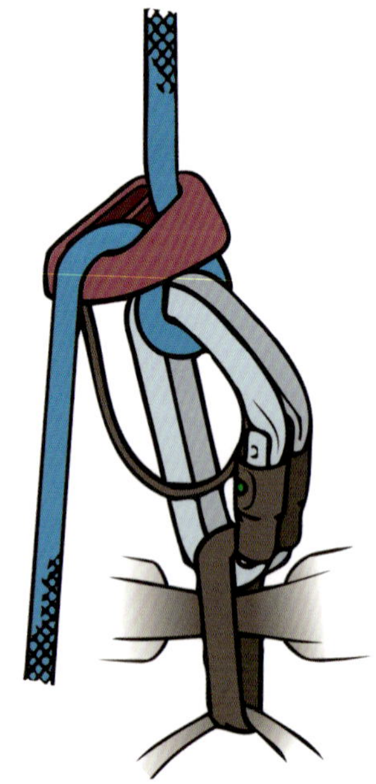

两把主锁增加管式保护器的摩擦

利用意大利半扣保护

近地保护

- 确保岩壁脚下或安全保护区域开阔安全。
- 开始时，提前准备，绳索放置在攀岩者右侧或左侧，确认具体给绳预留量。
- 放置第一把快挂前做攀石保护。
- 保护者的位置在第一把快挂下面，大约离墙1m远，或第一个保护点斜下方1m处。
- 如果攀岩线路沿挂片右侧延伸，保护者站位应向左偏移（反之亦然）。

无论是攀石还是到达第一把快挂前，攀岩者都需要攀石保护。挂上第一把快挂之后，攀岩者必须清楚，在保护者恢复到保护姿态之前自己仍然有坠落到地面的可能，同时还可能发生“绳索错误地位于两腿中间”或“与同伴碰撞”的情况，以上都是十分常见的。因此，无论是在室内还是在户外，都应考虑近地面的安全状况。攀石时，攀石保护很重要，需要考虑地面情况、攀石垫以及其他因素。

攀石时，用攀石垫进行攀石保护

保护位置

岩壁脚下的空间是否适合快速给绳、收绳？能否允许前进、后退？这片区域是否崎岖，是否被植被覆盖？攀岩馆的地面毕竟是平坦的，你或许已经养成了依赖室内平坦地面保护的攀岩习惯，因此不要将你在室内攀岩常用的保护行为运用到户外自然岩壁攀岩上。

无论如何，你都应该清理岩壁脚下这片安全保护区域。背包和其他常用的器具最好放在方便拿取的地方。此外，绳索不应该直接放在岩壁脚下，而应该放在攀岩线路和保护位置的两侧。

保护位置，攀石保护，绳索位置，预留给绳

绳腿位置关系

攀岩者开始攀爬时，要注意绳索不能放置在腿后，而是根据攀岩路线上第一把快挂的位置，将绳索放在两腿的左侧或者右侧。总结规律：绳索放在挂快挂的手那侧。如果你没有注意到以上细节，在攀岩时，将绳索在第一把快挂处拉到另一侧，让绳索穿过身体前的对角线到达保护者处。这么做的前提是，预留足够的绳长，以便在发生冲坠的情况下自己可以到达地面。

预留给绳

在户外自然岩壁攀岩时要注意：到达第一个挂片前，一定要做攀石保护。攀石保护和给绳不要同时进行。

保护者必须准备足量的绳索，其长度在保护者做攀石保护时，能让攀岩者顺利地在第一个挂片处挂绳。不过保护者要注意，在攀岩者挂好第一把快挂后应尽快转变为先锋保护姿态，所以也不能预留出太多的绳索，避免转换时再次收紧过长的绳索。顺便说一个小策略：为了适当地准备绳索预留量，有必要事先与攀岩者沟通从哪个点开始挂快挂。

挂好第一把快挂后

在攀岩者挂好第一把快挂之后，保护者应该退回至距离岩壁大约1m的距离，并在第一个保护点下方横向移动1m。保护者不应将绳索放置在两腿中间，这样才能控制身体不被向前拖动。此时应转变为利用保护器和绳索进行先锋攀登保护。根据第一把快挂后攀岩路线的延伸方向，保护者可以选择右侧的横向偏移（或者左侧）。尽可能远离你伙伴可能坠落的区域。如果情况需要，可以随时更换至另一侧。

近地的绳索操作

在之后的快挂上扣入绳索需要攀岩者快速精确地操作。这里的“精确”意味着保护者提供的绳索长度不多不少。想要挂绳的时候，如果总有多出的一小截绳子用不到，那就太令人心烦了。如果在攀岩馆中攀岩者攀爬到第四把快挂时，保护者没有留出多余的绳索，这意味着此时坠落攀岩者不会接触到地面。而在户外自然岩壁上，攀岩者坠落到地面的概率很大程度上取决于具体线路的具体情况。

保护位置在可能的坠落区域1m×1m之外

自然岩壁先锋攀登

比起室内人工岩壁攀岩，在户外自然岩壁攀岩时，你需要考虑的更多。在户外，室内攀岩技术仍然是有效的。因此，你不必改变任何已有的知识和技能，但是需要掌握一些新的知识和技能，拓宽眼界。

快挂的使用

- 在稳定的位置处挂绳。
- 锁门方向：快挂锁门与攀岩路线反向悬挂。
- 入绳方向：绳子不挂反，“成一条直线”挂绳。
- 设置两把快挂或延长快挂。

在户外，挂片组很少像攀岩馆里那样排成一条直线。使用你的快挂，将绳索穿入挂片组中，通常单把的主锁不适用于该功能（只有在特殊情况下，个别主锁才适用于此目的）。根据快挂自身的长度，使快挂可以让扣入的绳索最终呈近似直线状态，从而减少操作时绳索的摩擦力。

当人们攀爬高难度的路线前，会在难攀爬的地点设置两把快挂

在攀岩馆中，“Z”形挂绳的摩擦力很大，在户外自然岩壁上即使没有“Z”形挂绳，绳索的摩擦力也非常恼人。

稳定的位置

在稳定的位置挂绳。由于较大的快挂间距和不安全的坠落区域，攀岩者在挂绳期间的坠落可能会产生严重后果（参见第46页，挂绳时坠落的冲坠距离）。在室内人工岩壁攀岩时应该选择在齐腰的位置将主绳扣入快挂，以降低冲坠造成的风险。然而，通常在户外不建议生硬地按照齐腰位置的标准挂绳。攀岩者开设新线路时经常在这些路线上钻孔放置挂片，很难按照室内标准高度找到合适的手点以及挂片位置来设置整条路线。如果在一条高难度路线上，攀岩者在扣入快挂时不能保持身体稳定，甚至可能无法将绳索扣入快挂，即使攀岩者已经扣入快挂，坠落的概率还是很大的。

锁门方向

通常，快挂扣入绳索的锁门方向应该在攀岩线路方向的对侧，也就是让快挂锁门远离攀岩方向。如果，你即将在快挂的左边继续攀爬，那么快挂的锁门应该在右侧。这样是为了避免在发生冲坠时，由于绳索压住快挂锁门而造成锁门意外打开，导致绳索脱出的情况。

这种意外情况只有在快挂朝着锁门方向被向上拉动，也就是快挂锁门朝右逆时针旋转时才会发生。若按建议注意锁门方向，再从左侧攀爬，便不会出现问题。攀岩者向快挂正上方攀爬或者左右迂回攀爬时，没有避免这一问题的好方法。所以要特别注意，不要让身体任何部位（比如膝盖）碰到快挂使它向上旋转。

快挂朝锁门方向被向上拉动还可能导致快挂横向卡在挂片窄小的环孔中，由此导致的快挂锁断裂事故已多次出现。

入绳方向

我们已经知道了不能将绳子反向扣入快挂。“不能反向”指绳子应从快挂向攀岩者方向穿出，而快挂下方的绳子应当在快挂单锁和岩壁之间。你如果对入绳方向这个概念还是不太清楚的话，可以采用另一种说法，即“成直线”：你继续向上爬，而绳子穿过快挂后应该成一条直线。

在把位于上方的主锁挂入挂片时，主锁应从挂片的下方挂入，以使锁门不会紧贴岩壁。为了使下方的单锁能很方便地扣入绳索，要将这把快挂上两把单锁的锁门组装至同一侧。

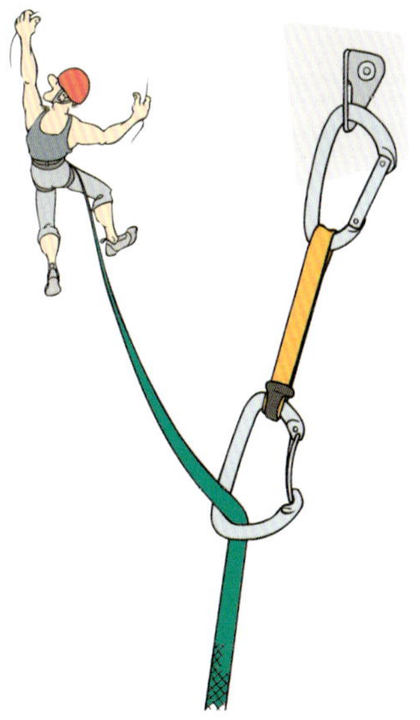

快挂锁门应与攀爬方向相反

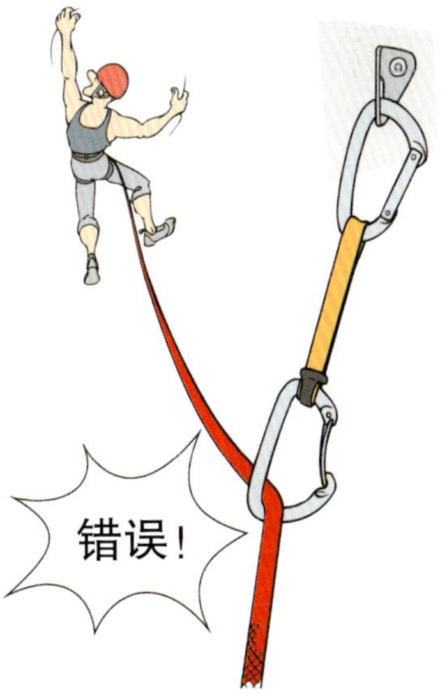

绳索扣入方式错误，即绳索没有成一条直线挂入

快挂手法

在攀岩馆中，我们已经学会怎样将攀岩绳扣入快挂。但要注意，必须能把在虎口处的绳子，或是在大拇指外侧的绳子挑起来。由此衍生出不同的挂绳技巧。无论在人工岩壁上还是在自然岩壁上，都必须能灵活地用任意一只手来完成相应的挂绳动作。因为，很难确定在岩壁上需要用哪只手来挂绳。用大拇指外侧挑起绳子的方法，如下图所示。

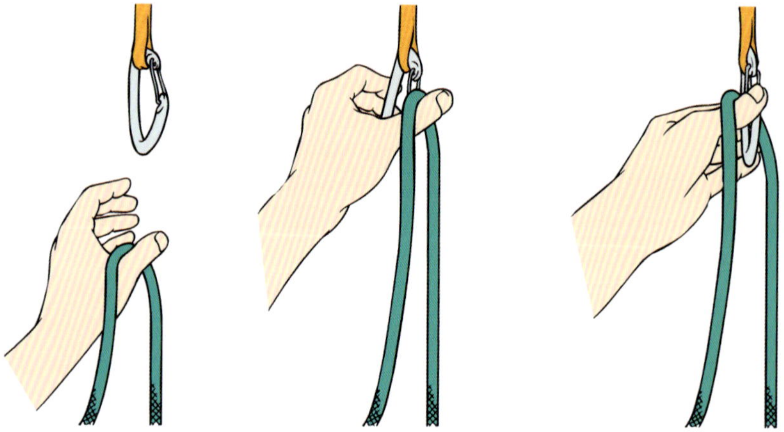

快挂锁门朝右时的左手挂绳

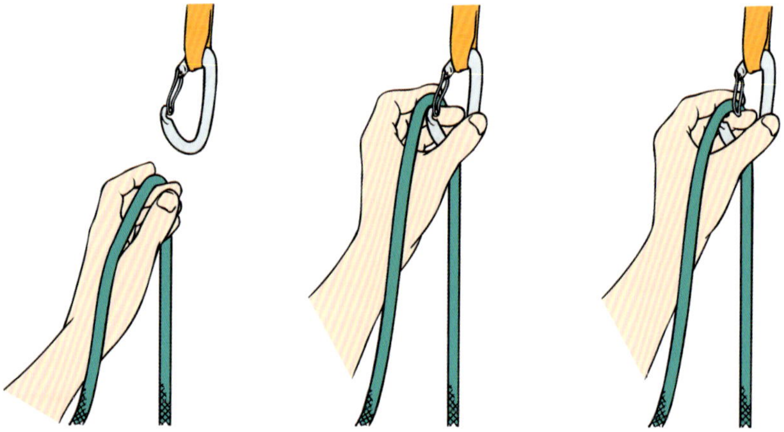

快挂锁门朝左时的左手挂绳

增强保护点设置

- 必要时，在一些特殊区域上并排使用两把快挂，或使用一把丝扣主锁和多把快挂。
- 必要时，延长中继保护点，降低不太安全的攀爬点和不稳定的挂绳处的风险。
- 必要时，使用扁带延长保护点，从而使每个保护点都能合理挂入绳索（必须预先准备好）。

双快挂

前文（参见第58页，锁门方向）已说明，快挂有可能脱出。应认真对待这一点，这一现象出现的频率往往比预想的要高。极少数情况下，绳索也会从攀岩者下方的快挂中自行脱出，2 m的挂片间距足以造成5~6 m的冲坠距离。这使你不得不考虑其他的附加保护措施——特别是当坠落可能直达地面时。

方式一：与已挂好的快挂并排，再挂一把快挂。因为，很少出现绳索从两把快挂中同时意外脱出的情况。

方式二：准备一把或多把快挂，一到两把两用丝扣主锁将两把快挂连接。但要考虑好，拧紧锁门的挂绳主锁可能为后面的攀岩者增加不必要的操作负担。

“两把快挂并排”和“两把快挂连接”是不同的连接方式。后者可以减少绳索摩擦，或使挂绳更简便，但与前者相比安全性会低一些。

延长快挂用的扁带

如上文所提出的，延长快挂是有效果的。如果双手可以放开岩壁自由操作，那么可以用扁带延长任意一把快挂。

将在此展示推荐的方法。注意将延

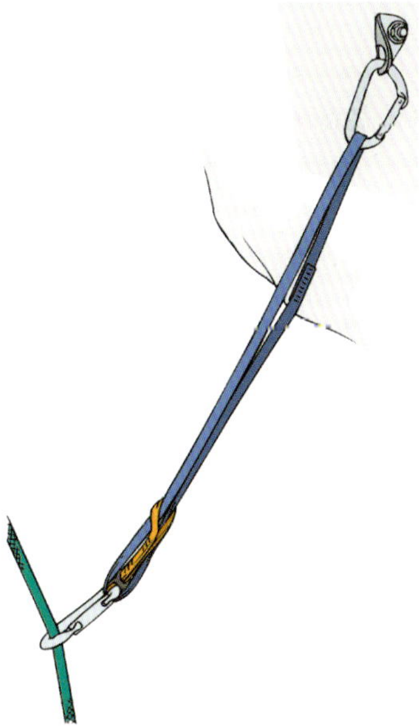

用扁带延长快挂

长快挂用的扁带穿过快挂原有的扁带孔，使其固定在攀岩绳侧的快挂锁上（注意不可固定在快挂锁的较宽一侧）。这一方法节省材料，能形成一个没有多余接头的长快挂。下侧快挂锁的使用方法与正常快挂相同，并且绳索不会扭曲。

延长后设置双快挂

除了用以上方法来减小绳索摩擦和方便挂绳外，你还可以采用以下方法提升路线的安全性，即在原有快挂之外，再将一到两条扁带挂在直门锁上，并在其下方多准备一把单锁。当然，只有在你已经顶绳攀登过此路线，或者是此线路已经专门为能力较弱的先锋攀登者做好这个准备时，上述措施才能奏效。在此情况下，如需要连接两条扁带以增长快挂，应当使用双合结。

要注意，这一措施会改变原路线的特点，当面对较难的路线时，按“改造后的快挂位置”攀登与按照原有挂片位置攀登是有区别的。“强硬派”会认为你事实上并没有完成此路线的攀登，但只要能使你在给定的安全范围内完成先锋攀登，这些观点就无关紧要。

沙漏型岩石地貌和柱状岩石保护体

- 攀岩安全知识中有必要介绍沙漏型岩石地貌。
- 结实粗壮的、已成形的沙漏型岩石是比较安全的；薄弱且有裂隙的沙漏型岩石可能会断裂。
- 将扁带环的一侧穿过沙漏型岩石并挂入一把单锁。
- 检查沙漏型岩石中是否有旧绳索。

与前边提及的延长后设置双快挂不同，这个措施是另外安装了一个可移动的中继保护点。这种保护方式更多应用在传统攀岩中，而且所有的中继保护点都必须由攀岩者自行搭建。

绳套

将绳套套在一个柱状岩石上，使其承受攀岩者向下的拉力。前提是该“柱状岩石保护体”足够结实，且绳套在绳索活动或向两侧拉扯时不会脱出“保护体”。

绳套的牢固性取决于岩石的质量。将绳套穿入打结，并挂入主锁或快挂。不论从哪个方向，这种绳套都能承受一定的拉力。在非常稳定的沙漏型岩石地貌中才能利用双合结连接两个绳环，而且只在必要的情况下才使用该方法。

与此相反，需要在树上设置固定点时，双合结是标准系法。这种绳结可以在需要的位置收紧绳索，且不会沿树干或树枝滑落。当然，楔状岩塞和机械岩塞也可以作为中继保护点。中继保护点的涉及范围很广，本书只是略微提及，可以在相应章节中找到相关提示。但你如果缺乏可移动保护设备的相关知识与技能，就应该主动放弃对这段攀岩路线的攀爬。

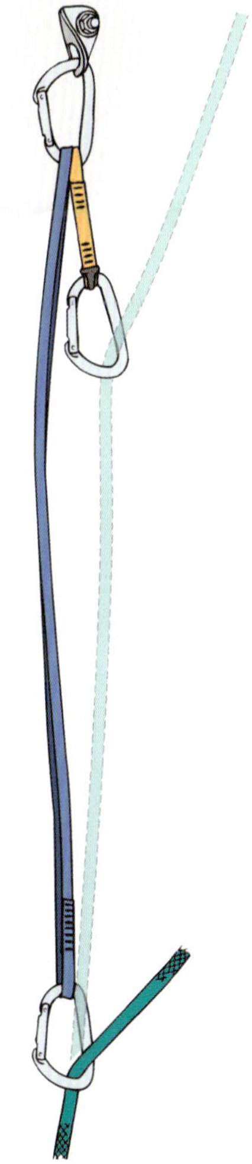

延长后设置双快挂

用双合结连接两条扁带

将扁带挂入
漏斗形岩石

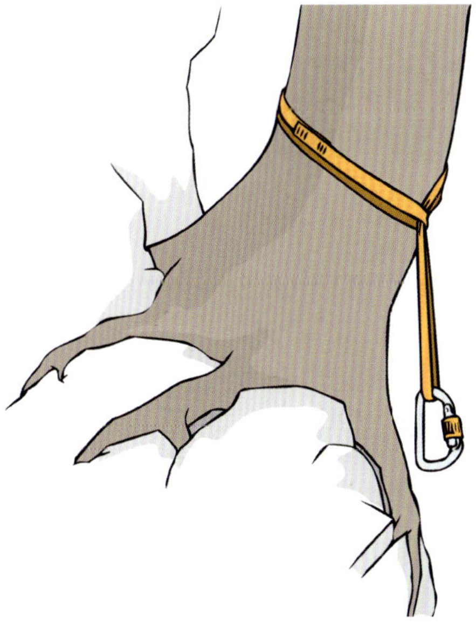

用双合结将扁带环收紧在树干上

安全地移动

- 用大拇指根部肌肉击打或用脚尖踢一踢看起来有可能松动的岩点。利用声音来判断岩点的稳固性。
- 不要将腿放到绳索与岩壁之间。如果这样做，攀岩者跌落时一条腿会被缠住，并在冲坠制动时发生翻转。
- 在路线上不允许跌落的位置，要边检查边攀登，且要有回旋的余地，即还可以爬回之前的位置。一般而言，每次扣入快挂后都会有一个安全范围，在此范围内可以冲坠或者有安全的摆荡空间。

检查岩点

自然岩壁上无法保证每个岩点都是牢固的。一般而言，经过多次攀爬的路线较少出现岩石碎裂的情况，但随着时间的推移，这些岩石也会被侵蚀。冬季冰体的冻融作用以及其他侵蚀作用都会慢慢降低岩石的稳定性。谨记：即使一个岩点经过1 000名攀岩者的安全抓握，这个岩点也依旧可能在某个时间点断裂。

敲击

这需要通过手和脚的敲击完成。预先检查所有牢固性不确定的手点和脚点，岩点发出的声音越低沉或有空腔声，就越不牢固。也必须知道，要避免摇晃较大的石块，否则岩石很有可能掉落，给你和你的同伴带来危险。

身体与绳索的相对位置

绳索与身体的位置关系

由于挂片之间距离较大，攀岩者经常会处于两个保护挂片之间，而且与上下两个挂片都有一定距离。在这种情况下，正确地处理绳索与身体的位置关系，可以保证在冲坠过程中绳索不会缠绕在腿上。“如果绳索位于两腿之间”，结果就是在坠落后攀岩者会因被绳索拉绊而翻滚，大腿后侧会有被绳索勒伤的风险。很多受伤都是由此而来。

尽管有明显的受伤风险，优秀的攀岩者有时会低估或忽略处理绳腿关系这项工作的重要性。因此，在先锋攀登中要一直记得保持绳索与身体正确的位置关系。如有必要，请事先与你的同伴约定好：一旦你的绳腿位置错误，他就立即发出警告。

倒攀

如果挂片之间的距离较大，就要求攀岩者仔细考虑哪些地方允许坠落，哪些地方不能坠落。在牢固的中继保护点与快挂的保护下，即使发生坠落也不会有太多危险。在自然岩壁攀岩时，某一个保护点上方都有一个安全可控的冲坠区域。在此区域内，可以在离开快挂后继续向上攀爬。该范围的最高点称为“安全区域最高点”。在这个最高点处如果还没有扣入下一把快挂，则应该考虑逆向攀爬，即通过安全的向下方攀岩动作实现倒攀，直到回到下方已经扣好的快挂保护点处。请注意，安全区域最高点的高度是不固定的。对此，你必须针对每个位置以及你的个人能力和心理承受能力做出正确的判断。

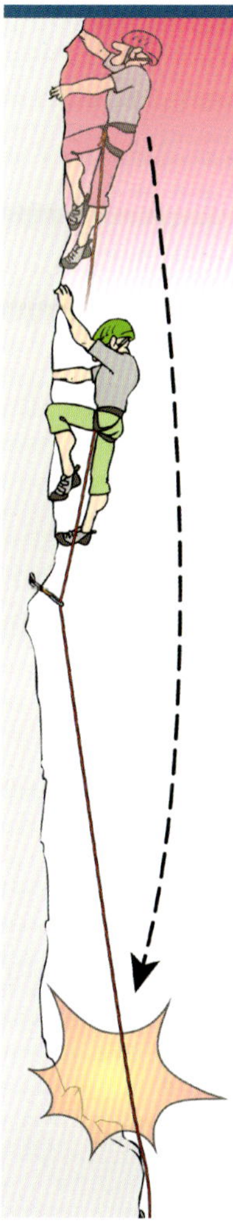

冲坠安全区域模式

攀岩器械操作技术

因为在大多数情况下，自然岩壁上的线路顶端没有攀岩馆里常见的两把钢制主锁，所以攀石者还需要额外了解一些重要知识，并掌握必需的攀岩器械操作技术。

顶环

- 出于安全和自然保护的原因，不要越过顶点。
- 必要时，将顶环当作中继保护点一样处理和评估。

过去，人们通常攀爬到岩壁上方的平台，然后在岩壁顶部为攀岩伙伴做上方保护。这也是传统路线的顶部有许多明显的被踩踏破坏的原因。但是现在不同了，自然岩壁上的成熟路线大部分已经配备了顶环，越来越少的攀岩者进入岩顶区域。在德国只有易北河砂岩和普法尔茨森林的花岗岩和砂岩地区是例外。一般的攀岩路线的岩顶通常有顶环或下降环。

严重磨损的顶环

保护岩顶

如果攀岩者打算或必须登上岩顶，要尽可能少地破坏岩顶上的植物，避免踩踏泥土或植被覆盖的地区。攀岩者进入岩顶，除了对岩顶造成踩踏损害外，还容易磨损攀岩鞋，甚至造成攀岩鞋鞋底橡胶脱落。但并非所有的踩踏损害都来自攀岩者。岩顶美丽的景色也会吸引徒步旅行者，由于多次踩踏，岩顶将再无植被覆盖。

检查顶环

使用顶环前先检查。在人工岩壁上，通常会定期维护以确保顶环的安全性，但在自然岩壁上无法做到这一点。顶环如果看上去有问题或磨损过大，攀岩者要使用自带的材料架设新的顶部系统来避免坠落的风险。

顶环孔眼：使用前注意观察，顶环锁具的横截面应该是圆形，且具有一定厚度。绝对不要在有锋利边缘的器材（例如挂片）上直接放置绳索。另外，顶环虽然没有断裂，但会因没有及时更换或自然原因而老化，也会因为攀岩者的不当操作造成过度磨损。攀岩者在使用时应特别注意。

顶绳攀登

- 顶绳攀登时，使用自带器材做保护站。绳索频繁滑动会严重磨损顶环。
- 将绳子挂入两套顶部锁具（带锁定装置的主锁或两把锁门方向相反的快挂）中。
- 使用第二个固定点进行备份保护。当顶环不能再制作第二个固定点时，应该利用最上方的挂片。

自带器材

计划进行顶绳攀登时，特别是在砂岩或花岗岩攀岩场，请自带器材做保护站。在这些攀岩场的环境中存在大量岩壁碎落的小石英颗粒，它们粘在绳皮上，绳子就成了巨大的“锉刀”。同时，这些颗粒也会加快磨损绳索，所以建议使用绳包或地布（参见第28页，绳包）。更换顶环需要很大的工作量和较高的成本。如果直接使用梅陇锁扣入绳索，那就仅有一个保护点，而没有备份保护固定点。相比较而言，攀岩者在进行顶绳攀登时使用自带器材，不仅更方便、经济，而且更安全。

两把锁

备份保护原则适用于做保护站：应使用两个挂片，绳子应扣入两把锁。对此，有许多可推荐的解决方案。

如果遇到顶环的挂片以铁链连接的情况，那么要用两根平行的快挂或主锁钩住铁链的中心点。在两个顶环挂片不相连的情况下，每个挂片都要挂入一把快挂，或者挂入一把安全锁和快挂。

如果顶部只有一个挂片，这样的情况就不便于处理了。一般来说，粘结式挂片、硬质砂岩岩壁挂片和安全钩是值得信

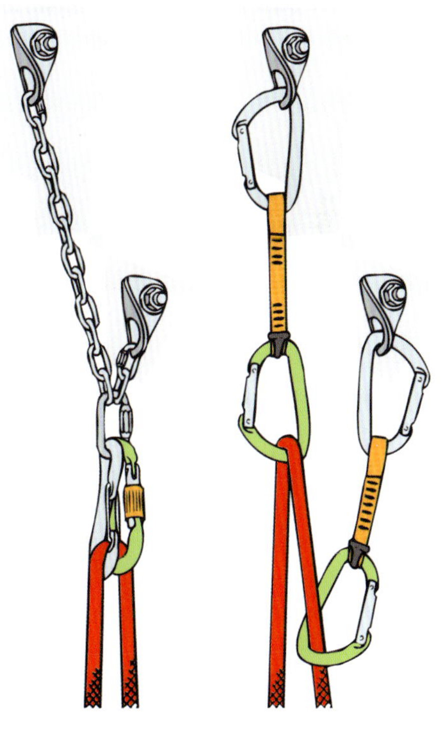

顶环原则：两个挂片，两把锁

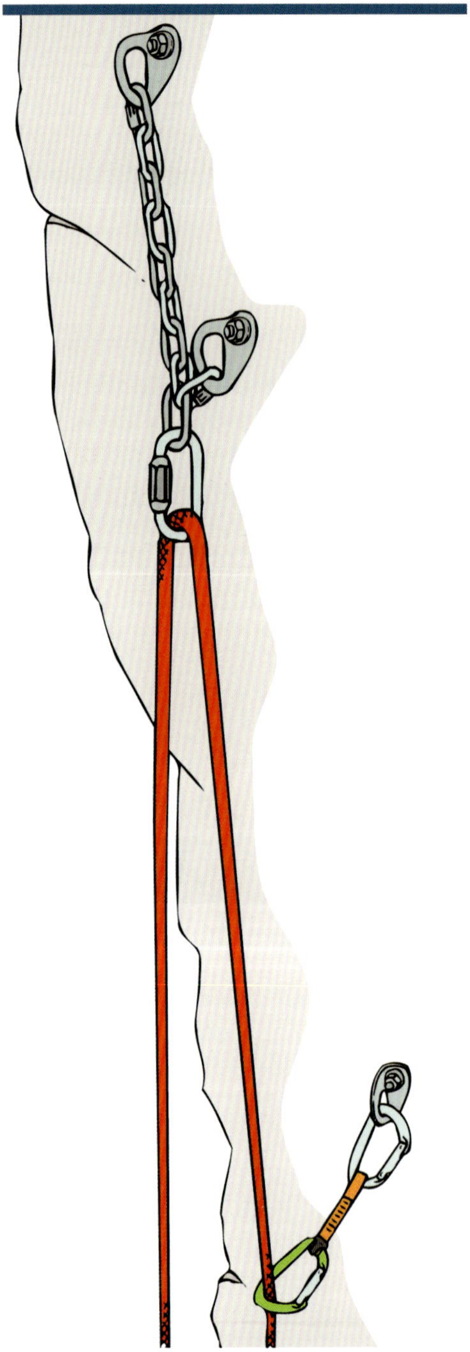

顶环不牢靠时，挂入顶端中继保护器作为备份保护

任的固定点。而挂片膨胀螺栓内部可能已经生锈了，所以不能盲目依赖它们（参见第26页右图）。因此，顶环的情况也不尽相同，有好有坏。

顶端中继保护器

如果顶部只有一个挂片，应使用带锁定装置的主锁或两把快挂，并使快挂保持平行。同时还要确保距离顶点最近的一把快挂一直处在挂入状态。特别注意，在顶绳攀登过程中，攀岩者做保护站时必须将顶部两把快挂按照锁门相反的方向放置。

上述做法也同样适用于只有一把顶部主锁的情况。使用一把自锁安全锁要比使用一把旋转自锁型主锁更安全。并且，由于主锁经常受到磨损，不再坚固，易产生危险，攀岩者不能只依靠一把固定住的钢制锁进行顶绳攀登。请认真观察、谨慎思考，仅依靠一把快挂做保护站进行顶绳攀登是万万不可的！

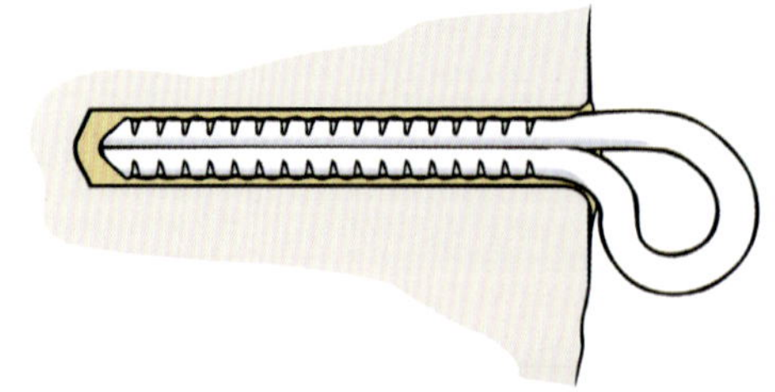

用复合粘结剂固定的粘结式挂片

做保护站

- 检查顶环，将自己固定在顶环处；检查绳索；将连接安全带的绳索拉出一段，对折穿过顶环，再将拉出的绳索打结，连接到安全带上。
- 在安全带保护环上固定绳索的时候需要多留出一段绳索。
- 由快挂建立起的自我保护系统需要一直受力，不能放松。
- 不使用“完成攀登”口令。

尽管《德国登山协会攀岩全攻略 人工岩壁》一书已经对穿绳有所描述，但由于其重要性，这里要再次提及。在户外攀岩时，岩壁上通常没有快挂，所以你必须使用自己的快挂，并在攀岩结束后将其回收。此外，通常情况下，在岩壁顶部往往只有顶环、挂片或者梅陇锁，没有固定的主锁，即便如此你也必须完成做保护站穿绳的操作。

在顶端只找到绳套是很少见的情况。如果真的遇到这种情况，必须注意：坚决不在一个绳套或者在树上打结的绳圈上进行顶绳保护下降。在绳索负重的情况下，如果攀岩者高速下坠的距离达到3 m时，绳索或者扁带材料就会被烧断。

做保护站步骤

要想将绳索穿过顶环做保护站，你需要暂时断开与同伴的安全连接。因此，需要使用一个额外的保护系统，并保证自己始终连接最后一个或顶部的中间安全装置。

使用一把或者两把快挂将自己固定在顶环上，在保护站做完前，始终让快挂处于受力状态。松了的快挂可能发生翻转或倾斜，并在重新负重时造成绳索脱出。

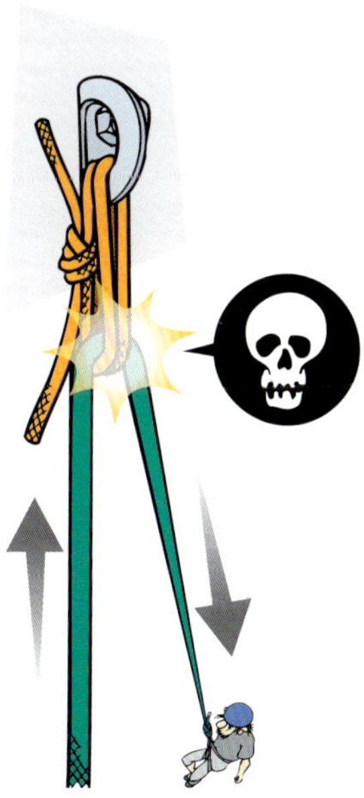

切勿在绳套上实施顶绳保护下降

将绳索多拉出1~2 m打结，用另一把主锁将其连接并固定在安全带保护环上。此时如果下方保护者依然处于保护状态，且最后一把快挂扣入绳索，那么，这种绳索的固定可以为做保护站者提供额外的保护。注意，进行此操作时应扣入安全带保护环，若将绳索固定在安全带装备环上是起不到保护作用的。

将攀登时使用的绳索端从安全带上取下并穿过顶环，然后将绳索连接回安全带保护环或攀登环上。解开刚才的备份保护，检查一切是否正常。发出“收紧”口令。一旦发现你和保护者间的绳索收紧并受力了，就可以拆下自我固定装置（这里指快挂），并发出“下降”口令。

最好提前告知保护的同伴，你将拆除装备。这样，之后的行动就不需要再进行沟通。在发出“完毕”的口令前，你要始终进行自我保护。如果是阿尔卑斯式登山攀岩者做你的保护者，他不会问你，而是直接对你解除保护（参见第41页，沟通和口令）。但随后你若是想被他沿绳索降下，就会出现问题。

做保护站的替代方法

你可以使用带锁定装置的主锁与双套结，来代替快挂进行自我保护（参见第79页，下降中的保护站设置）。该替代方法使用器材较少且足够安全。

此外，还有另外一种做保护站的替代方法。首先，你要保证自己的安全带和顶环正确连接，将绳索对折穿过顶环后打一个单结，并用主锁穿过单结结眼与安全带上的保护环相连。然后，将攀登时使用的绳索端从身上取下，便可以被同伴用绳索降下。由于这种方法不适用于较小的顶环，并且需要使用大约3 m长的多余绳索，所以这里只是简单提及。

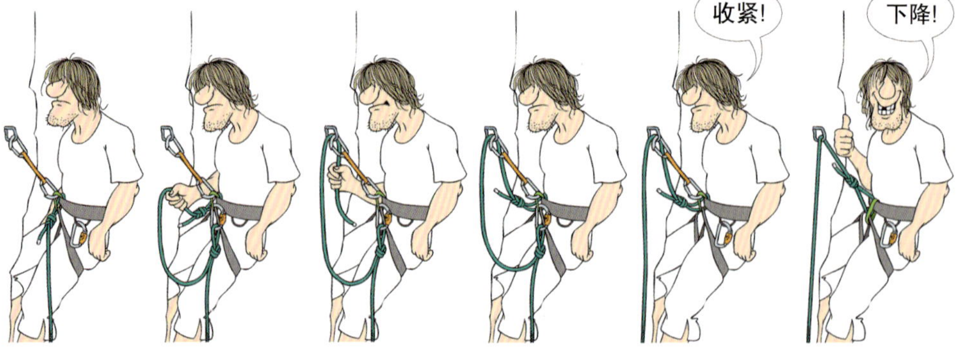

做保护站的标准方式

拆保护站

- 仰角路线上，用快挂的一端连接安全带，另一端扣入保护绳索一侧。
- 在下降过程中，利用刚才提及的快挂将身体拉近岩壁以便取下先锋攀登时放置的其他快挂。
- 取下快挂后会出现身体摆动（危险，注意不要撞到障碍物！）。

保护站做完之后，你需要边下降边收集器材。如果路线是仰角，你可以用一把快挂连接安全带上的保护环和保护者手中的绳子，这样可以确保你能接近每一个挂入过的挂片与快挂，以便回收这些装备。

拆除快挂

在取下最后一把快挂前，先解除安全带与保护端绳索的连接。如果不这样做，保护者就会有被拽离地面的风险。但之前也要考虑你的摆荡位置，你会向什么方向，多快、多远地摆荡？该方向上是否存在障碍物？如果你认为接下来的摆荡是有风险的，此时不拆除连接也不急于回收最下方的快挂才是正确的。否则，你可能

岩壁上的粘结式挂片

仰角线路拆除装备

会完全失去保护，手上拿着这把连接快挂坠落到地面。

拆除中继保护点

如果绳索长度不足以下降至地面，你将被迫回到某个中继保护点，那么拆除装备时就会产生一些问题。假如这个中继保护点是一个圆形钢环，你可以用绳索穿过。其他情况下，最明智的方式就是牺牲一把主锁，然后借助这把主锁进行顶绳保护下降。

在长路线上拆除装备

如果路线太长，绳子又太短，那么在下降时绳索就不能到达地面。这种情况下，不能进行顶绳攀登。但有一种解决方案可以让你在这种路径上拆除装备。

你像通常那样做保护站，顶绳保护下降到一个合适的中继保护点，解开绳索，把上面的绳索拉下来，重新做保护站，顶绳保护下降。如果这里的挂片不能用于顶绳保护下降，则从这里沿绳索下降。

长路线上，尽量保持绳索呈直线，从而减小摩擦力

沿绳索下降

- 当下降固定点是树的时候，必须将绳索套在树上。当固定点设在砂岩上时，也应按上述方法操作。
- 确认做好自我保护系统，喊出“完成”口令后，保护者随即解除对攀岩者的保护。
- 在攀岩绳末端打结。当双绳末端均已到达地面，则可以拆下连接自身的绳结。
- 此时应采用双套结和丝扣主锁（而非快挂）进行自我保护。

沿绳索下降指攀岩者自行沿攀岩绳索下降，这是攀岩者应掌握的一项基本技能。在攀岩场馆内几乎不会用到，在一些户外自然岩壁上攀岩时也很少用。尽管如此，在一些特殊情况下，攀岩者不得不沿绳索下降。掌握这项技能有一些必须注意的点。

采取沿绳索下降的情形

前文已经讲到，攀岩者也可以采取沿绳索下降的方式拆保护站并自行下降。

尽管不建议将树作为沿绳索下降的固定点，但有时也是可行的。以树为固定点时，禁止顶绳保护下降

虽然顶绳保护下降是标准的下降方法，但依然存在一些必须沿绳索下降的情况。

- 如果上方（固定点上）没有钢环，只有一个绳套或是打好结的绳圈，那么绝不可以采取顶绳保护下降的方式（参见第71页，做保护站）。
- 上方不是钢环，而是一个边缘不光滑的挂片，这种情况下进行顶绳保护下降会严重磨损绳索。而沿绳索下降不会有太大的问题。
- 若下降的固定点设在砂岩上，建议沿绳索下降。因为当两股攀岩绳均紧贴岩壁向下延伸时，绳索和岩壁都将被磨损。粗糙的岩石将一直摩擦攀岩绳，由此产生安全隐患。
- 如前面所讲，可能存在下降时上方只有树（可作为下降固定点）的情况。若采取顶绳保护下降的方式，会因摩擦产生高温，导致攀岩绳索外皮熔化。据测试，以树为固定点，快速顶绳保护下降可以在10秒钟以内烧断攀岩绳索。

此外，出于生态保护的原因，禁止以树为固定点进行顶绳保护下降。显然，这种下降方式会摩擦树皮并产生热量，树干由此受损，最终使树的形成层变脆弱。形成层对树的生长和水分储存具有重要作用。

口令和安全保护

用沿绳索下降方式拆保护站与自行下降需要专门的器材：扁带、双孔管式保护器、两把带锁定装置的主锁以及普鲁士抓结绳套和与之匹配的主锁。攀岩者必须随身携带这些装备，并提前计划好沿绳索下降的方法。

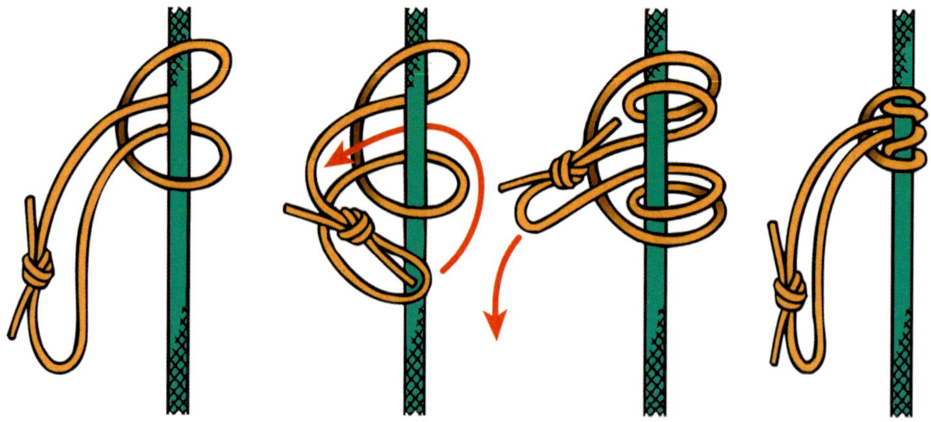

普鲁士抓结打法

“完成”口令

到达顶点位置时，设置好攀岩者自身的保护系统，此时喊出“完成”口令，保护者会解除对攀岩者的保护。通常，攀岩者会将管式保护器挂入安全带的保护环，并将两根绳索同时装配进管式保护器。注意攀岩绳索必须“呈直线”，不能扭曲，也就是说，制动绳端在下，挂入顶部的绳端向上穿出，且不会将保护环拉动翻转。

普鲁士抓结副保护

如果攀岩者没有用普鲁士抓结进行保护，双手同时放开下降绳索时，会直接掉下去。如果攀岩者在沿绳索下降过程中，想调整攀岩绳索或拍照，普鲁士抓结会起到很好的保护作用。抓结松弛时，抓结本身会沿绳索滑动而不妨碍下降，而当抓结拉紧受力时，会缠紧在攀岩绳索上并代替手的作用将下降端拉紧。

同时谨记，普鲁士抓结是从下方抓紧绳索发挥作用。如果管式保护器出现故障或脱出，普鲁士抓结依然可以提供一定的保护。

用一把主锁将普鲁士抓结挂入其中一个腿环。尤其要注意对（普鲁士抓结）长度的选择，过短的普鲁士抓结不够松弛，不能沿攀岩绳自由滑动。这样虽然下降过程比较费力，但仍然可行。与此相反，过长的抓结会被推至管式保护器前而仍未拉紧。抓结若不能被拉紧，就会完全失去作用。

绳尾结

必须将自由悬挂在空中的攀岩绳索末端打结连在一起，或者单独打结。很多事故都是因为攀岩者不小心从绳索末端脱出导致的。注意：普鲁士抓结是不能在这种事故中提供保护的。此时，攀岩者会在没有任何保护的情况下直接坠落地面。

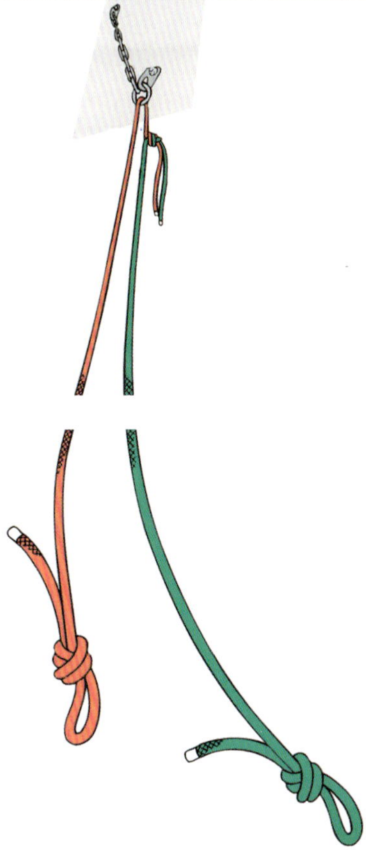

攀岩绳索末端打结

只有确切地知道绳的两个末端都能垂到地面时，才可以不在绳索末端打结。“确切地知道”而不是“认为”，你必须看到绳索末端垂到地面，或者是你的同伴向你证实。此时，攀岩绳的中点标记十分重要，标记褪色后要及时补上，如果你截短了绳索，也要做新的标记（参见第27页，绳索）。

沿绳索下降时的下方保护方式

站在下面的同伴也可以为攀岩者进行下方保护。当同伴将两股攀岩绳索握在手中并拽紧时，可以停止攀岩者的下降。但是这种方式只能在器械安装正确的前提下发挥作用。如果器械脱出，即便有这种保护，攀岩者也会坠落。在没有岩石掉落的危险时，才能采取沿绳索下降时的下方保护方式。一旦沿绳索下降过程中有岩石掉落，下方的保护同伴很可能被砸中。

其他口令

某些情况下，你后面还有其他人也要沿绳索下降。你到达下方后，脱离绳索，并喊出“下降结束”口令，如果没有人沿绳索下降，且你想要取下绳索，要及时喊出“落绳”来提醒站在下面的攀岩者。一定要及时！不要等绳子已经掉下去了再提醒。

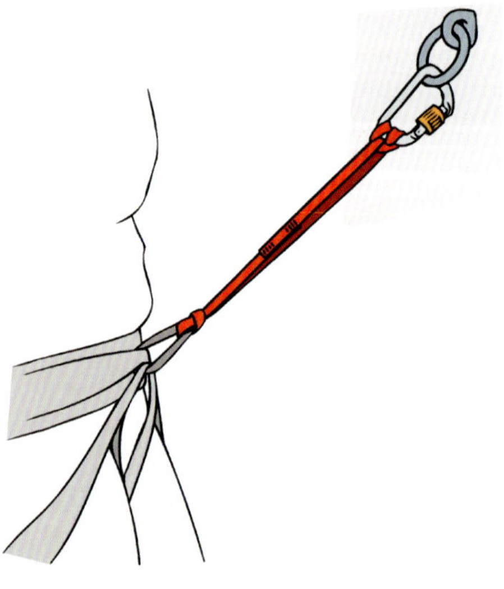

双套结和带锁定装置的主锁

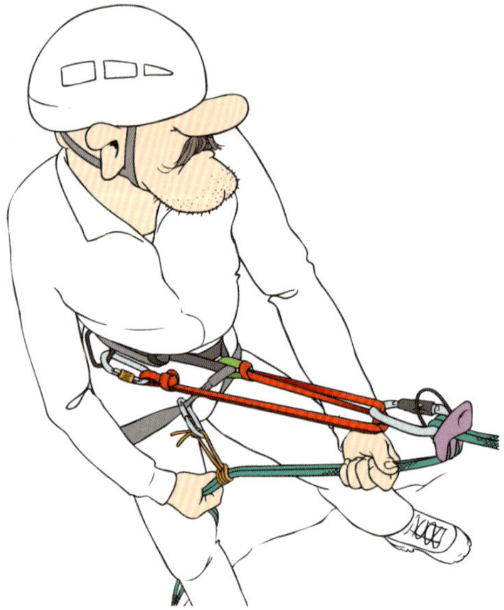

沿绳索下降中使用延长下降器

下降中的保护站设置

在顶绳保护下降中，快挂可以提供保护（参见第71页，做保护站步骤）。但在沿绳索下降中，禁止使用快挂进行自我保护。正如前面所讲到的，不受力的快挂比较容易脱出，而且与顶绳保护下降不同，沿绳索下降时，顶点处没有任何下方保护。此时应用双合结，将半臂长的扁带固定在坐式安全带的保护环上，并装上带锁定装置的主锁。

可以选择双套结固定带锁定装置的主锁，或直接在主锁前将扁带打结，这样主锁就不会来回滑动。但是禁止用橡皮圈固定主锁。

自我保护扁带上使用橡皮圈固定主锁已引发致命事故。若使用这种结构，在挂入主锁时，不小心将两股绳中的一股挂了进去，那么攀岩者仅吊在固定主锁的橡皮圈上，而橡皮圈一旦承重，就会断裂并引发严重事故。

“延长下降器”

在奥地利和瑞士的沿绳索下降教学中，应将管式保护器挂入自我保护扁带上距离保护环30~40 cm处。它的好处在于有

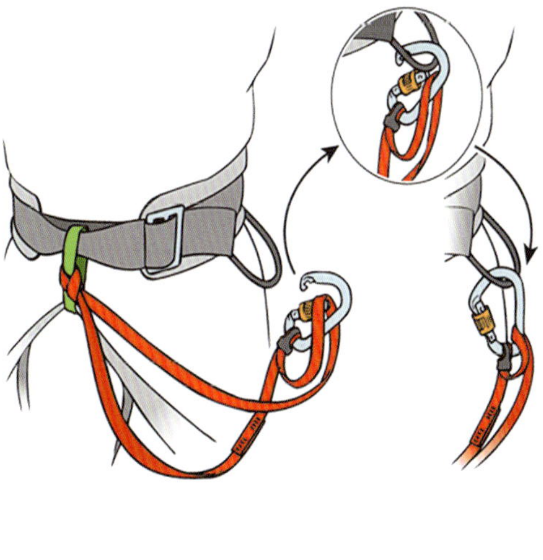

沿绳索下降时的穿绳

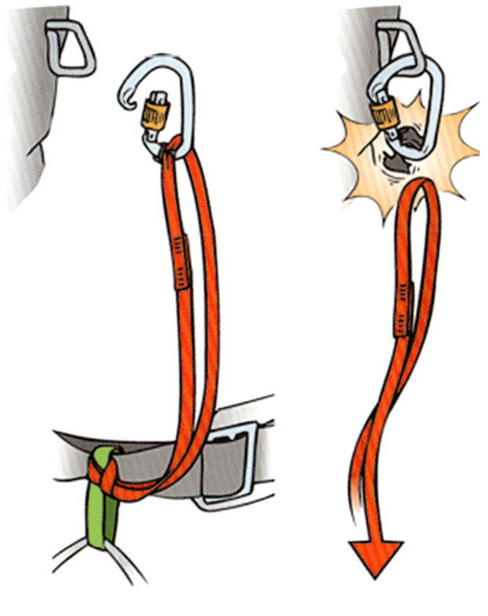

禁止使用橡皮圈固定主锁

更大的空间做普鲁士抓结副保护，也就是说，这能避免普鲁士抓结绳套因过长而不能起作用的问题。

禁止将普鲁士抓结挂在保护环上，即使采取这种延长保护器的方法，也应该将普鲁士抓结绳套挂到其中一个腿环上。这样可以保证下降者在需要的时候可以弯下身去解开被岩石缝隙夹住的绳结。为此，下降者要握住制动绳，抬起打绳结的那条腿并解开绳结。而如果普鲁士抓结绳套挂在保护环上，下降者就无法完成这一动作。

以沿绳索下降的方式拆保护站并下降

- 解开绳索，并用绳索在中间点做保护站。
- 将沿绳索下降器械挂入保护环，并将长度适宜的普鲁士抓结挂入腿环（注意，过长的普鲁士抓结会被推到管式保护器前，从而失效）。
- 将一切准备好，并在使用下降系统前进行检查。

穿绳时穿至绳中央。为了不掉落，可以在大小合适的金属顶环处使用以下技巧：保持连接状态，将绳索对折穿过顶

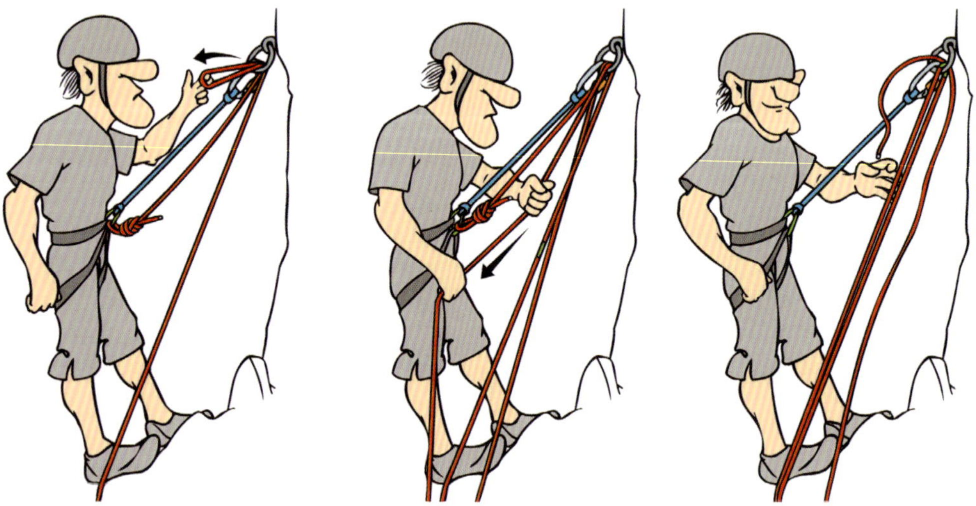

沿绳索下降时的穿绳

环。将可移动的、没有与你相连接的绳索穿过顶环至绳中央。

解除绳索与安全带的连接，将绳尾从顶环内滑下，必要时可打开绳尾结，但在绳索穿出顶环后应该重新打好绳尾结。

应提前向下方的人发出“落绳”的口令，保证下方的人有足够的时间撤出落绳区域。

挂入绳索的顺序

先打普鲁士抓结，拉出1m长的绳索，然后将下降器装配在绳索上。此顺序最合理，因为松的绳索比被下方拉紧的绳索更容易装配下降器。

检查绳索是否全部正确挂入，之后单手解除自我保护，另一只手应始终抓紧下降绳端，下降并收回快挂。

摆荡取回快挂

如果需要取回的快挂不在下降路线上，就必须在下降过程中通过在岩壁上的摆荡来取回快挂。必要时，下方的同伴可以拉拽相应的绳索进行协助。

摆荡取回快挂不仅费劲，还存在一个严重问题，即摆荡过程中，绳索会在岩壁上滑动磨损。如果某个位置的岩壁边缘锋利，绳套就会被划破而造成安全隐患甚至事故。顶绳保护下降可避免这个问题！

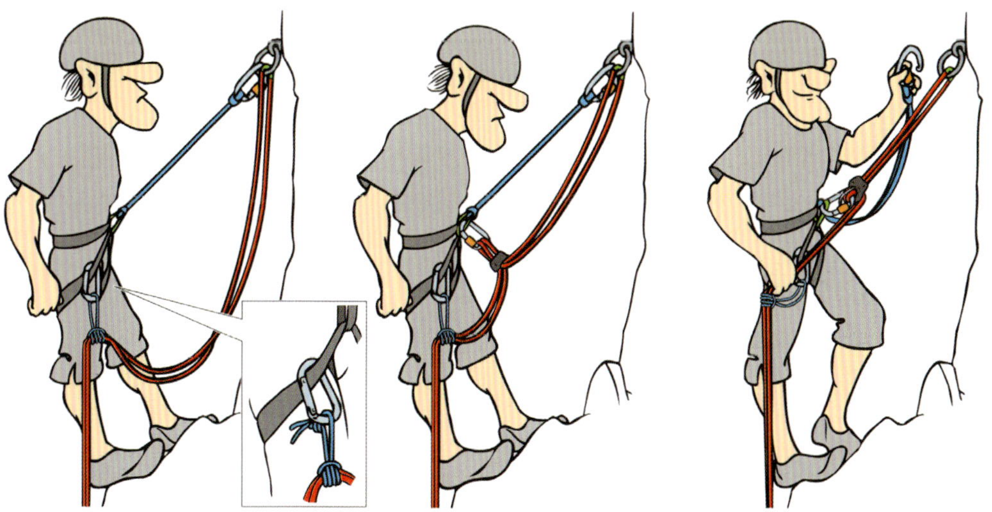

沿绳索下降时的操作顺序

进阶保护技术

在运动攀岩路线上通常会设有螺栓状岩钉来保障攀岩者的安全。只要人们能掌握应对难度大的攀岩路线的技术操作方法，攀登时就没有太大的危险。通常，最新的攀岩路线都设有挂片，就算线路难度不高也是这样。其实在自然岩壁攀岩并不会比攀爬室内人工岩壁的高难度线路更加危险。

楔状岩塞与机械岩塞

由于历史原因，在传统攀岩盛行的地区如弗兰肯山区和普法尔茨州，存在许多以现在标准而言“不够安全”的经典路线。以前，简单路线用于高海拔登山、艰难攀岩路线的热身或无保护攀岩的训练。每个地区都有各自的传统和攀岩道德规范。许多攀岩者认为这种有完全或部分保护措施的“经典”路线具有特殊的吸引力。注意，用额外的挂片组改造这些“经典路线”并不是理想的解决方案。大多数情况下，应该使用可移动保护设备为攀登提供额外保护。

额外的保护措施

评估路线时（参见第25页，路线评估），可以检查预期的攀岩路线是否需要设置额外的安全保护措施。如果需要，应放弃攀岩或者安装必要的可移动保护设备。自然岩壁攀岩证书的考查内容不涉及楔状岩塞和机械岩塞的使用。为此，可以参考与此相关的进阶课程。

楔状岩塞有许多不同的形状，其基础是不规则的六边形岩塞和配备钢丝的双锥形岩塞。

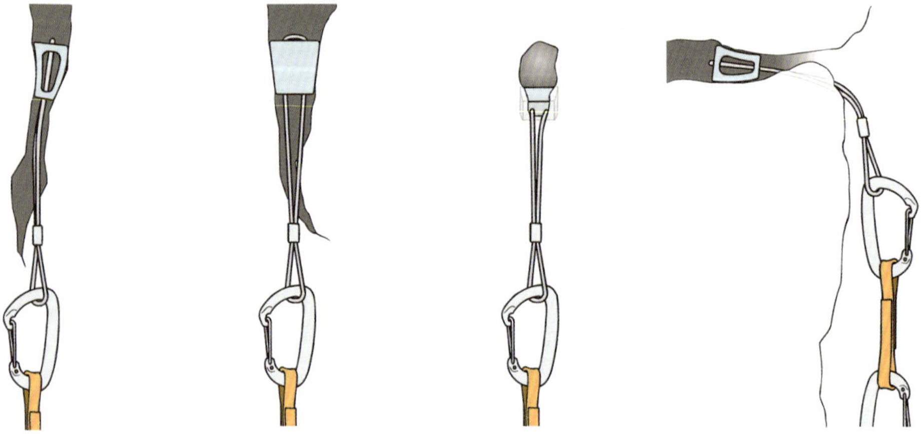

不同的楔状岩塞的放置方式

岩塞

岩塞主要放在狭窄的裂缝中。注意以下几点：

- 放置处必须考虑受力方向。
- 岩塞应尽可能让至少两个接触面与裂缝贴合（同时放在短裂缝下1/3处）。
- 岩石坚固。

上页图展示了不同的楔状岩塞的放置方式。岩塞会因绳索运动而被拽出，因此安设岩塞后应稍微拉紧并将岩塞挂入快挂中。

通过连接扁带延长的快挂，岩塞能更好地固定在设定位置上。禁止用双合结绳套来延伸岩塞（参见第34页，扁带和辅绳）。

机械岩塞

机械岩塞的原型是20世纪70年代发明的“Friend”机械塞，同现有的大多数岩塞结构相同，“Friend”是彼此相对展开的两个螺旋形的扇形体，具有多链机械岩塞和双轴机械岩塞两种类型。基本装备中最好有四个或五个符合规格的机械岩塞和一到两个楔状岩塞（如直径为0.75英寸和1英寸）。

与楔状岩塞不同，机械岩塞也可以放置在平行的裂缝中。

- 所有扇形体部分的接触面必须紧挨岩壁。
- 禁止将机械岩塞置于过于细小的裂缝中。否则，拆卸时岩塞会被卡住。
- 禁止将机械岩塞置于太宽的裂缝中，否则岩塞会因绳索运动而松动。当两部分扇形体完全打开时，岩塞会失去保护性能。

受力时，机械岩塞和楔状岩塞会对岩壁两侧产生强烈的张力。因此，岩石必须坚固。注意：机械岩塞虽然很容易放入不规则的孔洞中，但很难保证其放置质量和安全性。机械岩塞往往用在清晰的裂缝结构中才会可靠。与楔状岩塞不同，机械岩塞也可以用在完全平行的裂缝中。

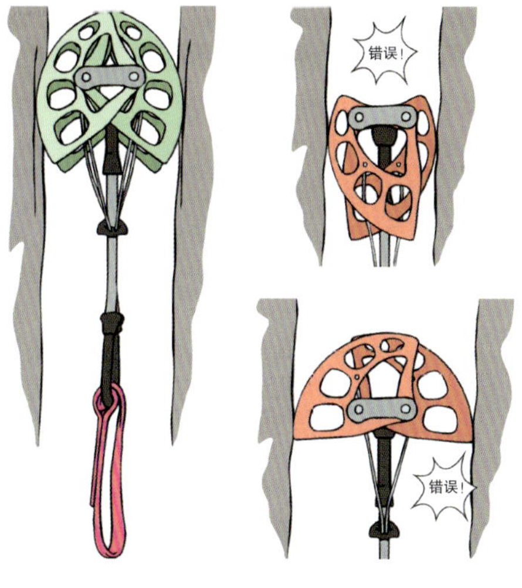

机械岩塞适用于平行的裂缝

双保护点绳索系统

德国登山协会自然岩壁攀岩证书未涉及的另一主题，是多绳距结组攀登时对下方跟攀者的保护。这一主题在多段式攀岩路线中非常重要，特别是在攀岩者攀登到一定高度，想要自上而下地保护同伴时。这个主题包含很多方面，此章只是略微提及。如果你对此感兴趣并想了解更多，可以进一步阅读相关文献或参加相关课程。

本文只解释保护站中心点的原理，以及如何用双保护点绳索系统连接两个挂片。此外，本文还会回答如何从上方保护跟攀者的问题。这些知识足以应对运动攀岩中所遇到的情况。

保护站中心点

根据备份保护原则，多绳距结组的保护站应始终具有两个固定点。目的是将这两个固定点联合为一点使用。你既要把自己悬挂于这个点，也要把跟攀者的保护器挂入这个点。此点可以由稳固的环形挂片环，牢固的绳套或带锁定装置的主锁构成，被称为“保护站中心点”。

双保护点绳索系统

在两个挂片的下部挂一把带锁定装置的主锁，用双套结或单结固定攀登绳索。同时对它进行合理的设置，让这一自我保护器负重，并且你也能舒适地站立。紧接着，你将伸向跟攀者的绳子用双套结

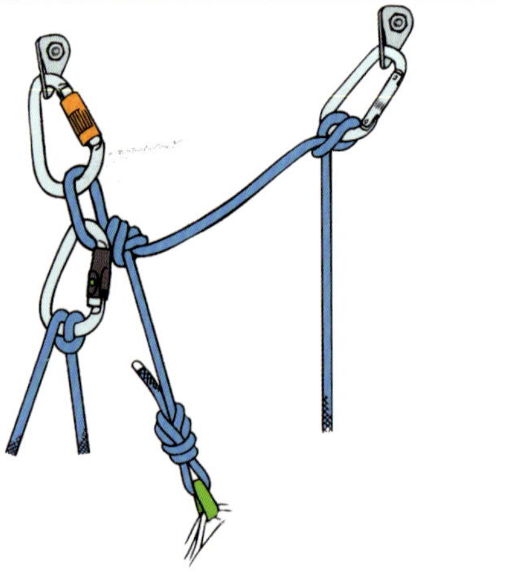

单结绳圈作为中心点

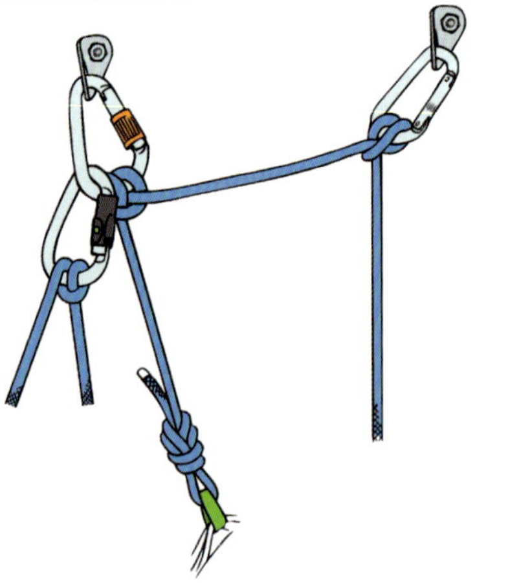

带锁定装置的主锁作为中心点

和另一把主锁与上方挂片相连接，并拉紧这一连接系统，使两个挂片承载大致相同的重量。由此，你的双保护点绳索系统便设置成功了。靠下的挂片中的单结绳圈或带锁定装置的主锁就是你的保护站中心点。

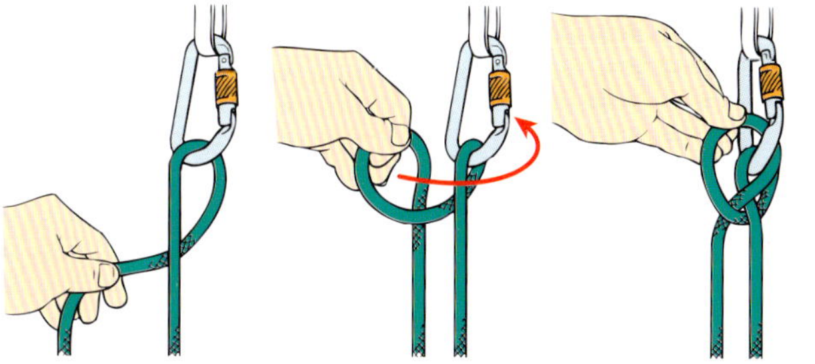

设置双套结

来自上方的保护

如果你想去或必须上到岩顶，并且保护你的同伴也攀登上来，或者你攀登完一段路线后，想用上方保护帮助跟攀者向上攀登。在这些情况下，请不要使用保护器连接安全带的直接保护法。想象一下，当你的同伴冲坠时，你会受到保护器的束缚，并在很大程度上无法行动。如果使用的是管式保护器，还会引发另一个问题，那就是你很难控制绳索，从而无法保护跟随你攀爬的同伴，因为绳索的拉动方向是向下的，无法产生管式保护器需要的摩擦力。

正确操作：标准的上方保护是在保护站中心点设置梨形锁。在这种情况下，梨形锁会比在先锋保护中产生更大的摩擦力，并且可以很好地切换成对跟攀者的顶绳保护下降模式。

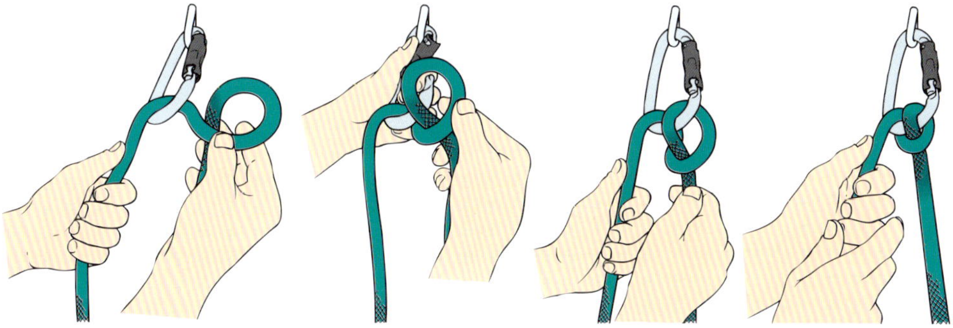

设置意大利半扣

冲坠模拟、安全训练和冲坠训练

攀登高难度路线意味着挑战自身极限

为什么要冲坠？为什么要练习这种非常令人不快的技术呢？如果你在阅读标题时有这种或是类似的想法，请考虑以下内容。

- 冲坠是一种技术。学习过冲坠技术的人都会在冲坠撞击岩壁时用脚来缓冲。不能做到这一点的人，以及侧身或背部撞到岩壁的人，受伤风险更高。
- 本书第48、49页已经说明了，如何进行有缓冲的自我保护，以及根据体重比要使用哪种设备。如果你不实际练习保护缓冲的方法，就无法在紧急情况下应用这项技能。
- 冲坠过程中，同伴之间的高度信任很重要。“我的同伴能接住我吗？”这种信任能在实际演练中得到增强。
- 攀登高难度路线意味着挑战自身极限。只要你有力气往回攀登，那么你也完全可以继续向上攀登。这是你突破自身极限的好机会。

最后这一点虽然在理论上是正确的，但如果是自然岩壁攀岩的初学者，最好选择与平常的室内路线相比更不容易发生冲坠的攀岩路线。而对那些挂片之间距离大、角度倾斜或有拐弯的路线，首先应考虑攀岩的安全性。同时，提前分析路线的冲坠安全性。在简单的路线上或在室内攀岩馆，你可以在一些可控的位置进行安全训练和冲坠训练，以达到熟练冲坠的训练效果。如果在攀岩馆中能完美地保护发生冲坠的同伴，那么在自然岩壁上也能较快地应用这些技能。

不同级别的练习

如何训练冲坠技巧和冲坠保护技巧，才能避免受伤？重点是要一步步地提升训练级别。从10 m外的地方跳下，并希望“一切都会顺利”，这是不可能的。近年来，德国登山协会开发出了有关此主题的训练体系，包括多个阶段，攀岩者可从初级阶段开始练习。

若攀岩者具备德国登山协会顶绳攀登证书（即初级证书），则可进行该体系的一级和二级训练。这些练习是为了使攀岩者熟悉快速的下坠运动并体验保护时握力的增加。

只有达到了国际登山联合会的四级、五级或以上水平，再参与该体系的三级和四级训练才有意义。训练目的在于学习正确的冲坠姿态和合理的缓冲保护方式。

在这些训练均完成之后，才应进行安全训练和冲坠训练。从最后一个中继保护点（即最上方的中继保护点）向下跳的练习，只有在攀岩者具备国际登山联合会的六级、七级或以上水平时才可以进行。

与术语“冲坠训练”相对应，该体系的一到四级被称为“冲坠模拟”。“冲坠模拟”意味着攀岩者低于或处于已经挂入绳索的挂片的高度。在级别三到六级模拟中除安全保护操作以外，还包括对坠落者的姿态训练。相较于真实的冲坠，在这些练习过程中发生的撞击更少，即使攀岩者犯了错，也不容易受伤。

潜在风险

注意：此类练习都会存在一定的潜在风险。要有第三人为初学者提供副保护。副保护意味着除了保护者的保护外，还要有第三人握住制动绳端。此时，应该轻微地松放绳索，让绳索不紧绷。不确定的话，可以考虑在有资质的培训师的指导下进行练习。

练习频率

我们强调必须多次练习，才能熟练地进行缓冲保护。许多攀岩者在练习过程中有不愿主动松手的问题，有这种问题的人和连续坠落的人会因为巨大的压力而不喜欢冲坠保护练习。在这种情况下，每次做一至两次的主动松手冲坠练习，并为此全面减少练习量是十分有效的。

冲坠模拟等级一和等级二

这两种简单的冲坠模拟练习不需要额外的设备。半自锁保护器的锁定功能不适用于该项练习，而应采用管式保护器提供保护。本项练习要求岩壁大致垂直，且没有大的突出物。攀岩者与保护者商定后，才可以开始冲坠模拟。

冲坠模拟等级一

- 引导手位于制动手前方，并且抓住制动绳。
- 制动手把绳索向后拉至最远。
- 引导手松开绳索时，制动手紧握绳索。
- 制动手（再次握住绳索）快速朝保护器移动。
- 注意，不要让制动手太接近保护器。

冲坠模拟等级二

- 引导手位于制动手上方，并且抓住制动绳。
- 在可接受的范围内，制动手预留的绳索尽可能长一些。
- 给绳预留量不得超过攀岩者心理所能接受的临界点。
- 引导手突然松开。攀岩者“冲坠”了一段距离。
- 保护者保持直立（不要倾斜）。

配有安全训练的冲坠模拟等级三和等级四

这些练习最好在8~10 m高的牢固的中继保护点上进行。在较低的保护点上，攀岩者有坠落到地面的隐患。建议在两个中继保护点上，将较长的快挂平行悬挂在受力主锁上，下方的快挂必须扣入绳索。必要时，最下面的快挂可以不必扣入，以便给保护者提供更多的活动空间。建议双方都使用头盔。体重较重的保护者使用管式保护器，较轻的保护者使用半自锁保护器。

冲坠模拟等级三

- 攀岩者攀爬到顶点下的一定高度。
- 攀岩者继续爬，此时保护者不再收紧绳索。
- 攀岩者从与顶点等高或低于顶点的地方，沿着较安全的路线冲坠。
- 冲坠前，保护者应预留出一段绳索，用于攀岩者冲坠时候的缓冲。

冲坠模拟等级四

- 攀岩者处于岩壁上顶点的高度。
- 保护者准备出预留绳索。完成后，告知攀岩者。
- 必须与攀岩者沟通预留绳索的长度，并经过攀岩者的同意。
- 攀岩者开始冲坠。

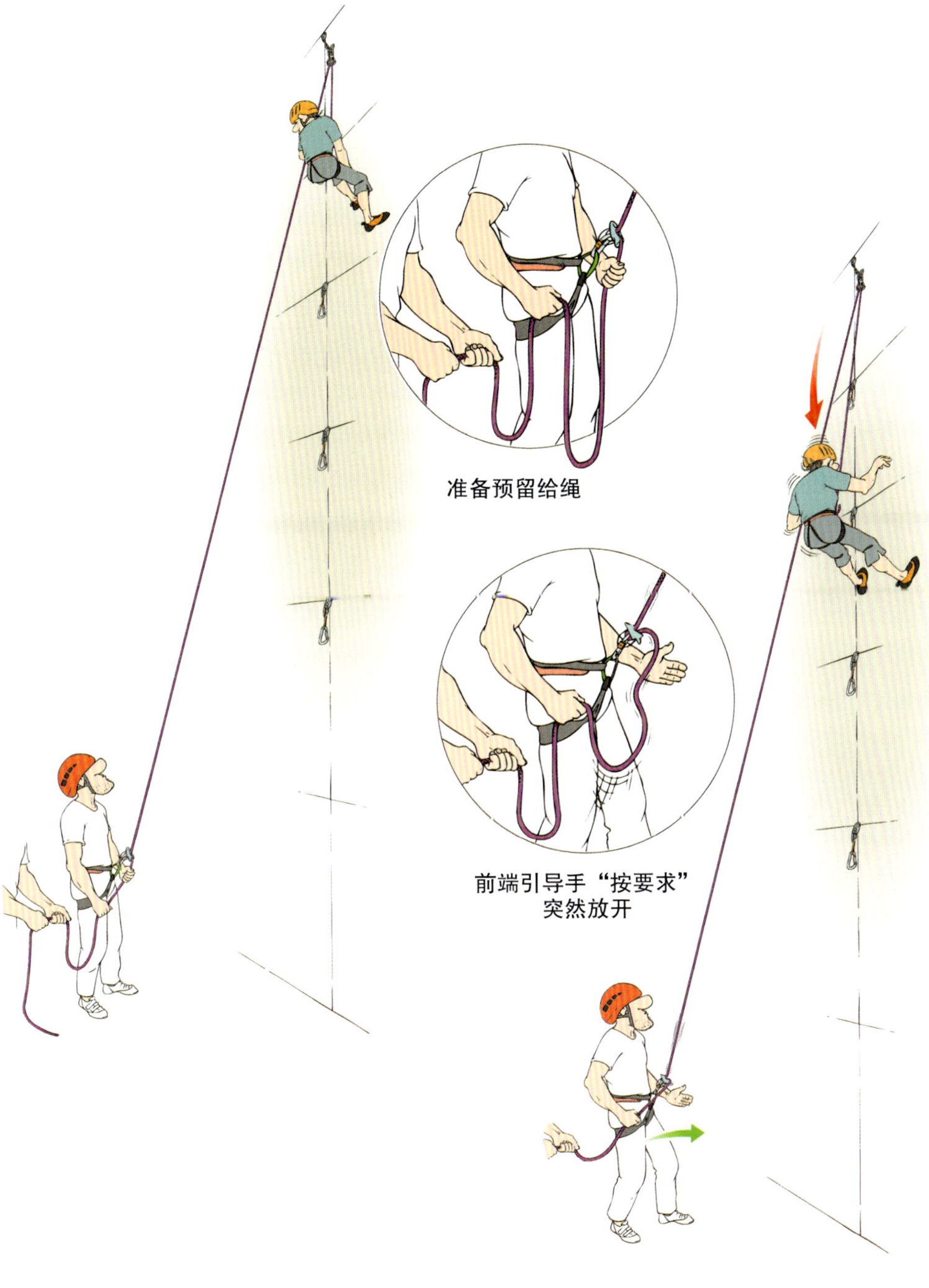

冲坠模拟等级二

冲坠模拟等级三

冲坠模拟等级四

训练内容

在不同的冲坠模拟等级内，你可以很好地训练一系列相关技术，且不会有太大的风险。保护者不能站立在距离第一把快挂过远的位置，特别是在近地面区域，建议保护者站在距离岩壁1m远，横向偏移1m的位置。

保护者的位置

当然，上面只是简单的建议。绳索向上运动的角度才是此时决定位置的关键。如果路线是正角光滑岩壁路线，保护者应该靠岩壁站立；如果路线是仰角路线，保护者应该站在距离岩壁较远的位置。站立距离还与攀岩者和保护者的体重有关。发生冲坠时，体重较轻的保护者更容易被拽到岩壁上。

保护者的姿势

等候冲坠时，保护者两脚小步迈开，膝盖微弯。在这个位置上，保护者可以随时做出移动。一方面，保护者可以避免被拽到岩壁上，另一方面，可以提供适当的保护缓冲。这意味着，保护者能够被同步向上拉起，积极配合冲坠过程。保护者离岩壁越近，这种向上拉动提供缓冲的作用就越明显。

预备练习

为了训练这项攀岩技能，可以进行

在正角光滑岩壁路线上的位置和姿势

在仰角路线上的位置和姿势

一个不需要绳索且非常有益的预备练习。模拟保护者站在保护位置，同伴假装冲坠，并同时突然向上猛拉模拟保护者的安全环。此时模拟保护者的身体运动要顺应拉力方向。熟练后还可以增大难度，闭眼做该项练习。

较小的体重比

必须给体重较重的保护者，更确切地说是比攀岩者重得多的保护者更大的缓冲保护。此时通过制动绳与保护器，可以额外地提高缓冲量。保护时，注意制动手中的绳索不应滑动，否则绳索容易扭曲，导致绳索从制动手中脱出。而是应将绳索主动送进保护器。开始练习时，手握住保护端绳索并远离安全器，当冲坠开始时，手紧握绳索并向保护器处移动。注意，虎口与保护器应保持安全距离，避免夹伤。

脚蹬岩壁

冲坠需要一定的攀岩经验。基本的理念就是，在不必要时，攀岩者冲坠时不要跳离岩壁太远。攀岩者跳得越远，撞击到岩壁上的力度越大。当然，冲坠发生时也要与岩壁保持一定的距离，避免与岩壁擦碰。预备练习：从高度较低的岩壁跳跃到地面保护垫上，跳跃时注意距离岩壁不要太远。

攀岩者除了考虑下落轨迹的问题，也要考虑如何用脚缓冲来避免撞击。在小冲坠中，攀岩者会稍微向后坠落，此时要求攀岩者绷紧身体，双腿有力地向前蹬出，腹部和腿部肌肉紧张，且在任何情况下都不能伸直膝部。

冲坠训练

在岩壁上做冲坠脚蹬岩壁这类实战练习时，应该注意下坠时发生的撞击力度比在快挂高度处做脚蹬岩壁模拟训练时的撞击力度更大。如果保护者进行没有缓冲的硬保护，或者攀岩者脚蹬岩壁的动作不正确，都会受伤。如果想做冲坠训练，一定先进行冲坠模拟练习。

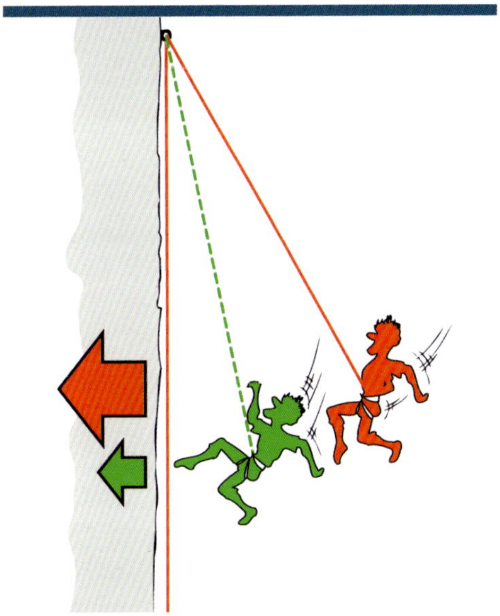

距离岩壁越远，撞击力度越大

自然岩壁攀岩技术

自然岩壁攀岩与室内攀岩在很多方面有所不同。除了前面解释过的安全保护技术问题，在攀岩技术方面，二者也大有不同。

攀岩移动过程的分解

如果你是一名室内攀岩者，那么到了户外，你很难马上按室内攀岩时习惯的难度进行攀爬。比如当你找不到合适的手点和脚点时，你会对你本以为容易攀爬的正角光滑岩壁的判断产生怀疑。而对于纯粹的自然岩壁攀岩者来讲，当他在室内攀爬路线上时，情况则恰恰相反。在人工岩壁上攀岩，特别是在人工岩壁仰角路线上攀岩，对身体技巧和前臂力量要求很高。与此相比，自然岩壁攀岩则需要更良好的脚法，并且要求攀岩者可以应对数量多，尺寸更小且锋利，甚至有时难以利用的手点和脚点。

阅读《德国登山协会攀岩全攻略 人工岩壁》一书后，你会对攀岩移动过程的分解有了一定的了解。这种分解可以让我们清晰地看到，如何合理地移动，但这里还要对其做一个简单叙述。《德国登山协会攀岩全攻略 人工岩壁》一书中有两个分解动作被称为“抓握方法”和“稳定”，而这里将使用两个一般性概念进行代称，即“动作主要阶段”和“动作结束阶段”，也会简单提及“准备阶段”。

准备阶段

攀登过程中你需要利用两个脚点和一个手点放好重心，以保证自己能够松开另一只手，继续向上抓握。在陡峭的岩壁上更需要脚在岩点上站稳。这意味着在攀岩中应先掌握很多的脚部动作技巧。

动作主要阶段

如果你已经找到了合适的重心位置，那么你就可以向上移动身体并抓握下一个支点。快速移动（动态攀登）往往是很高效的。与之相反，缓慢的、随时可以停止的向上抓握过程则称为“静态”动作。在平坦的岩壁上攀登时，在动作主要阶段最重要的行动通常不是向上抓握，而是向上移动脚部以踩踏下一个脚点。

动作结束阶段

在向目标岩点移动到位后，肌肉要绷紧，保证身体可以稳定在新的位置上。需要使用多少力量，不仅取决于手点和脚点的状况，以及岩壁的角度，还取决于你的移动速度。一旦位置稳定了，就要尽量放松肌肉。“放松”这个词能够非常恰切地形容此时的最佳状态。

直壁上的合理攀爬方式

根据科斯特迈尔和霍夫曼的建议，攀爬的技术特征可以按阶段划分。总体而言，这些特征决定了如何进行合理地攀爬。虽然这两名作者将这种合理攀爬方式称作“标准攀岩动作流程”，但并不意味着它是一种标准化的攀爬模式，而是随情景变化而变化的恰当应用。

“标准攀岩动作流程”在正身或侧身时均可进行，并且这里所列举的特征主要适用于直壁或仰角路线。在《德国登山协会攀岩全攻略 人工岩壁》一书中，对这些特征也讲述过一部分，本书仅讲解另一种方式。

理想的攀爬过程

很明显，下面将要介绍的是一种理想的攀爬过程。在实践中，很多干扰因素会使我们无法实现这种理想的攀爬，但尽量使自己的攀爬方式接近这种理想的、合理的攀爬是十分有意义的。

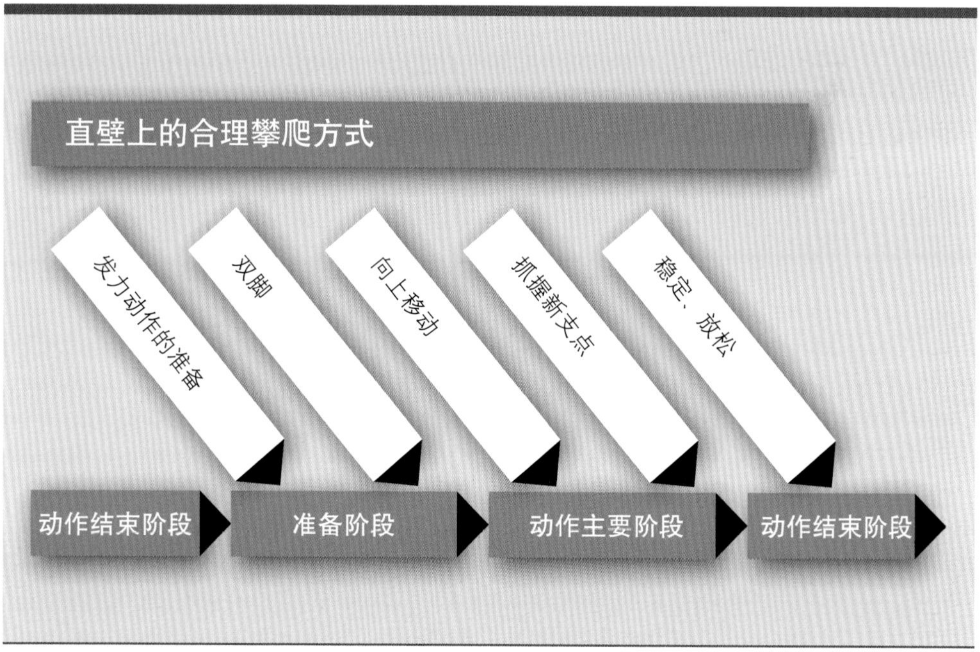

越过和向上

当你的脚部位置和身体位置准备好后，就可以进行下一个动作。尽量将骨盆推到脚点的地方——根据情况，可以向墙或向旁边推。紧接着是“向上”，躯干或多或少地向上移动。

这两个动作也可以动态地进行，相互融合。人们则称其为臀部“释放”或“波动”。

一口气向上抓握新支点

在你向上抓握时，你必须使用另一只手稳定身体。这一阶段需要肌肉持续发力，因此最好在发力开始之前短暂停下，调整身体姿态以便发力。开始发力前用抓握手给起点手点施力，直到你已经准备好向上移动。要一口气完成抓握移动，不要在移动时中途停止。

放松、稳定

尽量快速地移动到位，并抓握住新的手点，使手指弯曲成可受力的状态。如果第一次抓握后，手和岩点之间的契合度不够，就需要以轻轻向前推动手指的方式进行调整。

伸长手臂

如果你采取了静态攀登（也就是没有迅速发力），那么到达新的位置后身体就

伸长手臂以做好准备——“越过和向上”——抓握和稳定

应该是稳定的，你的下一个任务就是放松身体。初级攀岩者经常在抓到新的岩点之后马上就将岩点“锁定住”（肘部或多或少地弯曲），但这会不必要地消耗体力，因此是错误的。正确的动作是到达稳定区域后将你的手臂伸长，并降低重心，放松身体。

尽量减小抓握力度

检查一下，你用了多大的力度抓紧岩点。你应当尽量放松地抓握岩点。在一次抓握中过多地消耗能量，将给后边的攀爬造成很大的问题。如果你的攀爬是动态的，那么最大的难点就是稳定住自己。绷紧身体并注意，你至少要有一只脚始终站立在岩点上，并通过控制重心尽量减少身体摆荡。只有在完全稳定的情况下，你才可以如前面所讲的开始放松身体。

发力动作的准备

察看一下，在伸长手臂的情况下，尽量提升脚点高度以扩大发力到达的范围。科斯特迈尔把它称作“分开发力”，意思是脚部动作应先于手部动作。先不要把动作固定，而是要在合理的范围内伸长胳膊，试验下面哪些行动是合理的、省力的。

以髋部带动的方式，动态地“越过和向上”（参见第100页，越过和向上）

步距和轻踩

通常需要移动一步或几步来完成发力动作的准备。如果脚点足够，可以选用省力的多步法来完成发力动作准备。应选择抓握手垂直下方的脚点。握持手是刚刚进行抓握的那只手，也会在进行下一个动作时保持在手点上（帮助上脚）。通常情况下，主抓握手的岩点高于另一只手所在的岩点。如果两手所在的岩点高度大致相同，可以轻松地使用两手抓握处以下的整片岩壁区域来规划完成发力准备。“轻松”意味着你可以安全并准确地“轻踩”岩点。轻踩的脚不过度受力，不能沿着墙壁向上拖。“轻踩”前要观察每个脚点。更多相关内容请参阅本书第108页“依靠脚点摩擦力攀爬，脚部施加压力”。

双脚

两个脚点最好位于主抓握手正下方的左右两侧。这两个脚点的高度要保证攀岩者在身体发力站起后轻松地向上抓握目标岩点。如果只有一个脚点可用，应借助摩擦力将另一只脚紧靠在岩壁上，这样比在“向上”中将这只脚无用地向上拖要更好。

背腿动作

剪刀式动作

背腿

当岩壁陡峭时，可使用背腿动作。抓握新支点，此时另一只脚腾空，但不要忘记这只脚对整体重心的作用，应主动地选择技术动作以合理地控制身体重心。

剪刀式动作与抓点

如果只有抓握手正下方一侧的脚点可用，则可以通过剪刀式动作来稳定“开门”效应。更多相关内容请参考《德国登山协会攀岩全攻略 技术·策略·心理》。

正身或侧身

用正身还是侧身攀岩动作攀登呢？在人工岩壁上，攀岩者的脚法适用于大多数较大的脚点。在“越过”和“向上”时，正面放置的脚甚至可以在支点上旋转。而在自然岩壁上必须从一开始就准确地踩中小的脚点。

攀岩者必须清楚地了解以下几个主要技术分类。只有这样，才能顺利地完成攀岩。

正身攀岩动作

侧身攀岩动作

正角光滑岩壁攀岩的合理攀爬方式

上述攀岩方法涵盖了典型的人工岩壁情况和直壁自然岩壁情况，因此适用于陡峭的岩壁路线。上文所提的一些动作（例如，“轻踩”“轻抓”）同样适用于在陡度小于90° 的路线上攀爬。但是其他动作并不真正适用于正角光滑岩壁的路线。

正角光滑岩壁意味着陡度大约为80°或更小。正角光滑岩壁的路线是较为简单的攀岩路线，在自然岩壁攀爬中经常会碰到这种倾斜的路线，这种路线被称为“正角岩壁路线”或“正角岩壁攀爬路线”。在陡度约为60° 的岩壁上攀爬难度更大。

重心位置

攀爬正角光滑岩壁的过程中，最好将重心放在脚点上，双手在岩壁上保持平衡，身体上部应远离岩壁。

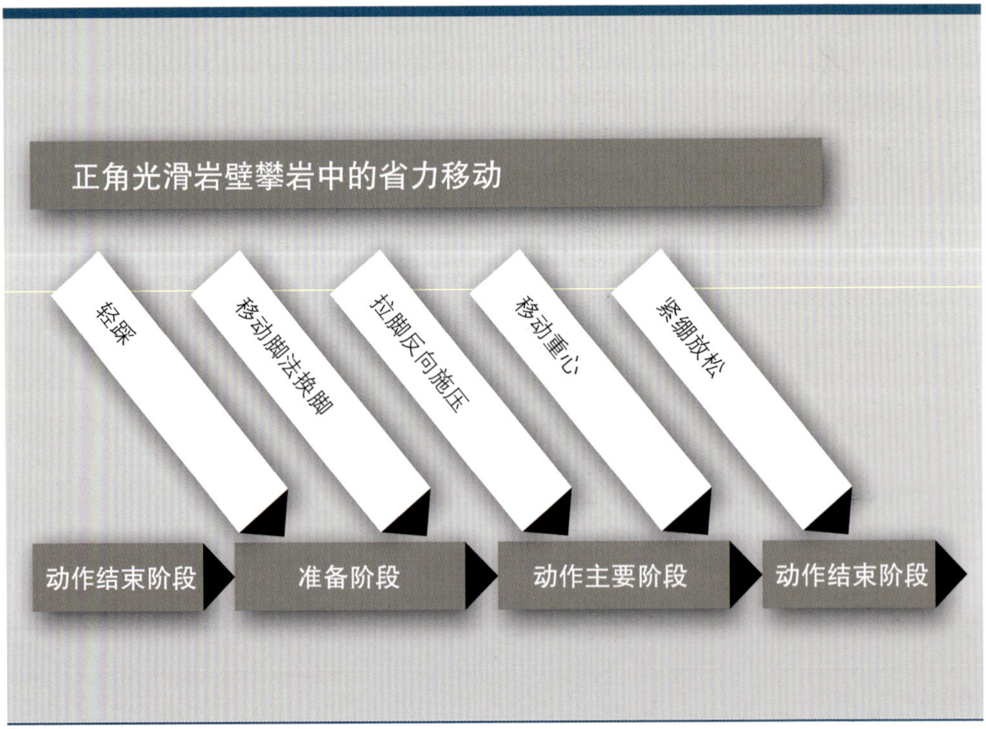

移动重心

正角光滑岩壁攀岩中的主要阶段是从一个脚点上移动到下一个脚点上的过程，即从依靠手部的向上移动变为依靠脚部的向上移动过程。首先将重心移到支撑点脚上，然后可以自由地移动不受力的脚，同时手臂也无须过度用力。

在大脚点和相距较近的脚点上移动重心是容易的。但如果脚点较小、岩壁比较陡峭或脚点相距较远，移动重心时就要讲究方法了。

合理地移动

根据不同的情况，你可以完成静态移动或者适当地进行动态移动。移动的动力来自支撑腿，但应注意岩壁的角度以及光滑程度。在目标脚点过远的情况中，需要进阶技巧。

紧张与放松

一旦你位于新的脚点上，再往前抓握既不困难也不吃力，那么和以前一样，双手只需要保持平衡即可。这一阶段，身体不用高度紧张。注意，整个上身是放松的。因为手臂很少用力，所以无论是伸直还是弯曲都起不到任何作用。

将重心从一个脚点上移到另一个脚点上

轻踩

在此类岩壁上的轻踩动作和在陡峭路线上攀岩时相同。脚要轻轻地准确踩在新的脚点上。合理的脚法在正角光滑岩壁攀岩中实用性很强。此处将具体地描述几方面内容。

小脚点的脚法

主要任务是感受小脚点。作为人工岩壁攀岩者，你可能已习惯使用彩色的与突出的脚点。但在自然岩壁上，很多脚点并不明显，比如一个5 mm深，20 mm宽的浅凹脚点就很难被发现。

脚跟下沉与脚尖踩捻

必须一开始就准确踩到那个小脚点上，来为下一步动作做准备（参见第103页，正身或侧身）。一般情况下，脚不应该在支点上转动。最应掌握的是，用靠近大脚趾的鞋间内侧边缘踩住这些脚点（有时也用脚尖外侧边缘）。在脚移动踩点的过程中，保持脚跟下沉。而当鞋底接触到脚点上，就将脚跟稍许抬起并通过转脚尖将前脚的鞋底边缘完全压在脚点上以增加摩擦力，这种技巧被称作"脚尖踩捻"。

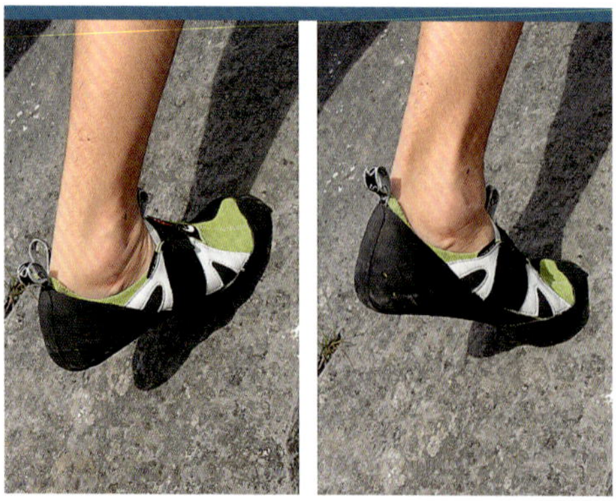

用下沉的脚跟踩上摩擦凹点，然后抬起脚跟

踩住摩擦凹点

正面踩住这些摩擦脚点和摩擦凹点。放脚的过程与上文所述相似，只是不需要"脚尖捻踩"技术。此时脚跟的位置越发重要。在足够大的摩擦凹点上，只需要略微抬起脚跟，使脚尖与脚跟在同一高度，稳定地踩到脚点上。有时为了实现将更大的支撑力传到大脚趾所踩住的小支点上，必须在小的摩擦凹点上更大距离地向上抬起脚跟。

稳定踩点

集中注意力将脚稳定地放在脚点上。任何可观察到的晃动都会让脚点不稳，甚至发生危险。晃动会导致脚点滑脱，在攀登砂岩时尤其要注意这一点，晃动或扭动脚可能导致砂石颗粒松动，这些砂粒在鞋底像滚珠一样滚动，从而大幅减小帮助维持身体重心的摩擦力。

支撑

攀爬正角光滑岩壁的困难在于，找不到合适的脚点或手点，无法为下一步做准备。最糟糕的是，找不到任何可以抓握的岩点来保持平衡，这时候需要把手掌撑在岩壁上。如果下一个脚点与现在的支撑腿有一定距离，该支撑方式非常有用。

使用这种支撑方式不用将重心完全移到支撑脚上，而是用反向撑住的手作为所谓的“第三只脚”。如果你的重心放在支撑脚、支撑手形成的重心线上，另一只脚就可以轻松地向前迈步，从而可以不费力地进行较大距离的侧向移动。

换脚

如果攀岩者必须多次朝同一方向向上方移动（例如朝左上方），并且在此过程中只有一个脚点可以使用，就需要换脚。如果脚点或摩擦表面足够大，可以将另一只脚直接放在前一只脚的旁边，而在较小的脚点处，需要提前观察，预判放置第一只脚后，是否还有空间放置第二只脚。

动态换脚

在更小的脚点上，动态换脚是最好的选择。将另一只脚的脚尖直接移到支撑脚上（即另一只脚的脚尖稍稍接触支撑脚的鞋面）。支撑脚逐渐减少对脚点的压力，身体发力带动脚，当身体重心移动到最高点的时候，减少下方脚对岩壁的压力，同时换脚。如果擅长这种技术动作，便可以轻松地在更小的点上换脚。

横向距离较大时，通过手支撑岩壁实现轻踩

动态蹬起

前文提及，可以通过支撑腿的发力推动重心来实现从一侧脚点移动到另一侧脚点。在更陡峭、更小，但结构合理的正角光滑岩壁上攀岩，应缩短步间距以碎步移动。相对于大步移动，碎步移动会让攀岩者的重心更加靠近岩壁。向较远脚点上转移重心十分费力，这种情况下，动态蹬起十分有效。同发力移动抓握手点一样，动态蹬起需要攀岩者摆动重心。髋部侧向摆动，可以获得最佳的摆动重心效果。

移动左脚到下一个脚点时，先将髋部稍稍向左摆动，然后向右摆动至最远点，并将左脚放在下一个脚点上。即使攀岩者的顶胯动作速度很快，但由于身体惯性的作用，在身体运动到最高点时仍然有足够的时间来准确地踩住新的脚点。你可以练习这一系列的移动过程，类似同点换脚，攀岩者需要一定时间来熟悉动态蹬起的动作，从而取得理想效果。

依靠脚点摩擦力攀爬，脚部施加压力

对传统意义上的反向施压可以理解为重心有意转移，该技术被称作“侧拉技术”。与此相反，光滑岩壁上的反向压力也可以在攀岩者不移动重心的情况下，通过给手点施加压力和建立相应的身体张力来实现。不同的是，在正角光滑岩壁上攀岩可以不改变身体重心而施加压力形成摩擦力，仅通过对手点施压的改变或改变身体重心角度并相应地站直身体，就可以对

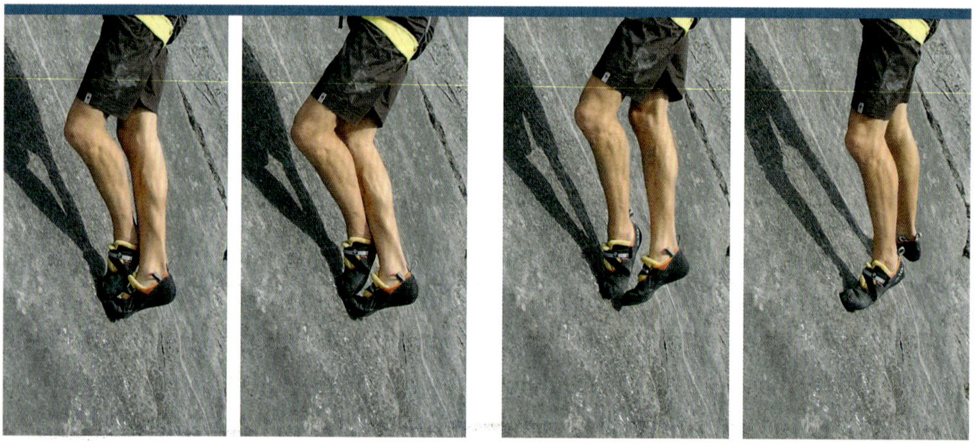

动态换脚

脚点施加压力。

比如，在倾斜角约为60° 的光滑正角岩壁上（依靠绳索攀岩或在距地面较近的位置攀石）：手抓住两个岩点，脚站在两个倾斜角大约60° 的摩擦脚点上。在抓点处适当施力并通过调整身体与岩壁的角度，从而保证可以站立在脚点上。然后，减小手部握力，放松身体。你的脚会在某一个节点滑落，练习时需要掌握不同角度和不同岩石摩擦力的掉落点。之后在倾斜角大约50° 的脚点上重复练习。根据岩石和鞋底的摩擦力状况，尽量减少手部施加的力，依靠摩擦力站立。

从这一练习中，可以得出结论：要想顺利攀登，一方面通过找到脚点处的平衡站立，另一方面通过在手点处施加力量调整重心，脚部施加压力来实现。在光滑正角岩壁上，往往不需要旋转重心就能达到这种效果。

较大的步距

攀岩者可以把反向压力效应应用在脚点距离较远的情况中。攀岩者可以尽量

在握点边缘施力以产生更大的摩擦力

通过转移重心和绷紧身体来对脚部施加压力

放松地站在原脚点上，双手抓住两个合适的手点，适当绷紧身体，利用与岩壁间的摩擦力向上登一到两步，保证能够到达高处的脚点。在“越过”之后，攀岩者应立即将绷紧度降低到必要的最小值。

如果岩壁陡峭，在移动过程中应主动后移重心。一旦攀岩者的脚到达新的脚点上，就应将髋部尽量快速地移动到新脚点的上方。这种技术可以解决大步距的问题。

攀爬时重心降低

在较高的脚点处应降低重心将膝盖向外侧弯曲，让自己“坐”在脚跟上。这种单腿式重心下降可以应用在很多的脚点处，包括在陡峭路线上和在岩壁上的突出棱角处。这种技术正符合上述“向上移动”时的动作要领。以蹲坐的方式降低重心是在为向上攀登做准备，而“移动”应该主要通过双脚发力来实现。此时，如果攀岩者的第二只脚也移动到一个同样高的脚点上，且这条腿的膝盖也要向外侧弯曲，就形成了所谓的“正身蛙式脚法”，用双腿推动身体向上，可以不费力地站起来。练习髋关节柔韧性可以更好地将“正身蛙式脚法”应用到攀岩过程中。

有相关攀岩技术概念描述这种理想攀爬方式，在此不再详细介绍。

“正身蛙式脚法”的动作过程

其他方面

在接近垂直的路线上，会同时用到直壁和光滑正角岩壁攀岩中的攀爬技术。攀岩者要伸直手臂，沿抓握手的垂直方向移动，通过脚部发力，手臂协调重心和移动方向，重心紧随着移动，稍越过抓握手点的位置，沿岩壁向上攀爬。灵活应用前面所提到的攀爬技术，从而在此合理攀爬。

除了直壁和正角光滑岩壁外，还存在其他类型的岩壁。典型的有交叉口岩壁、垂直棱角型岩壁、石灰岩岩壁、烟囱型岩壁以及宽度不均的裂缝。攀爬这些岩壁时，会用到前面所讲的技术。为了有效率地攀爬，你还可能会需要本书没涉及的技术或技术原理。因此，你可以参考《德国登山协会攀岩全攻略 技术·策略·心理》这本书。

高效学习

在专业教练员的陪同下，可以更高效地学习攀岩技术、策略和锻炼心理承受能力。可以与教练共同分析你个人的强项和弱项，从而获得一些有效的建议，以及到下一节“课”要完成或练习的“家庭作业”。不论在日常练习还是在竞技领域中，这种教练原则已经经过时间的检验，行之有效。

石灰岩岩壁攀岩中的膝部卡点

德国登山协会户外攀岩证书

本书每章开篇都会展示出内容要点。下面简单介绍一下攀岩课程和考试。

课程和考试的模式

参与前提

首先需要掌握德国登山协会户外攀岩证书二级与三级的内容。如果攀岩者对证书的内容不够熟悉，则不应参加户外攀岩的课程和考试。

课程时长与参加人数

课程时间至少持续两天半（如从周五下午到周日）。一组中，一名教练最多对应六名学员。

儿童与青少年

由于儿童的发育速度不同，没有明确限制攀岩者的年龄。德国登山协会户外攀岩证书的课程及考试适合13岁以上的青少年参加，并规定年龄在14岁以下的儿童即使已获得某项攀岩证书，仍需在父母或者教练的监护下攀岩。

课程地点和生态保护

去往课程地点的交通方式应当环保。选择岩壁上合适的路线，即无须使用额外的楔状岩塞和机械岩塞就可攀爬的路线。应当用场地中的实例来讲解环保内容。

德国登山协会户外攀岩考官资质

原则上，只有掌握德国登山协会最新的教学观点，拥有丰富经验和有效许可证的教练员才能主持测试。建议这些教练员参加德国登山协会培训计划中的进修课程。

资质要求

- 德国登山协会认证的运动攀岩教练。
- 德国登山协会认证的阿尔卑斯式攀登专业培训师。
- 若具备德国登山协会认证的青少年导师资格，则只需再进修并通过德国登山协会“运动攀岩”一级培训。
- 国家认证的登山滑雪向导。

特别说明

德国登山协会户外攀岩证书不是从业证书或某种许可证，而是对攀岩者在自然岩壁上的安全技巧和正确行为的成绩表彰。要特别注意的是，该证书中的攀岩成绩是次要内容，仅凭证书不能证明攀岩的难度等级或可以参与需要获得相应成绩方可参加的攀岩赛事活动。

德国登山协会户外攀岩证书适合13岁以上的青少年

讲解生态保护内容

应根据上课环境适当讲解生态方面的内容。

考试的实施

基本规则

- 自然岩壁攀岩课程接近结束时，进行考试。
- 考试应在严谨的基础上尽量减小参与者的压力。
- 考试期间考官不能给参与者提供任何帮助。
- 参与者忘记或错误执行考试内容时，允许其重做。
- 最好在近地面处进行拆除装备和沿绳索下降考试。
- 考官全程记录考试过程。
- 考试记录保留在考官处或上级机构处。

生态考试

- 每小组最多六名参与者，以组内讨论的形式进行考试。
- 给定六个主题，每名参与者需正确解释其中的一个主题。

考试过程

路线评估与同伴互检

- 岩壁的安全情况与参与者的攀岩能力、心理素质相匹配。
- 同伴之间互检，具体操作与在人工岩壁攀岩中相同（安全带是否正确连接，检查绳结、保护器、绳尾结）。
- 在自然岩壁攀岩时的额外互检内容：快挂数量是否正确，攀岩者和保护者的头盔问题是否已解决。
- 如有必要，请携带其他必需的保护设备。

先锋攀登保护

- 保护者处于适当位置。
- 确保岩壁脚下或安全保护区域开阔安全。
- 准备一定的给绳预留量。
- 攀岩者触及第一把快挂前做攀石保护。
- 攀岩者做攀石保护和做前两把快挂保护时，保护者的位置在第一把快挂下面。

先锋攀登

- 在稳定位置处挂绳。
- 锁门方向：与攀岩路线反向。
- 扣入快挂：绳子应“成一条直线”。
- 不要将腿放在绳索与岩壁之间。
- 在挂片上方要边检查边攀岩，且要有回旋余地（可倒攀）。
- 检查看起来松动的岩点。

做保护站与拆保护站

- 做保护站过程中遵循各个步骤的正确顺序。
- 在安全带保护环上固定绳索时多预留出一些长度。

- 做保护站过程中，自我保护系统始终受力。

拆除装备与沿绳索下降

- 使用双合结绳套与主锁固定自己。
- 将绳尾打结。
- 正确装配管式保护器。
- 将合适长度的普鲁士抓结挂入腿环。
- 在解除自我保护之前检查所有装备。

生态

- 提前计划。
- 到达，扎营。
- 岩壁脚下的正确行为。
- 保护鸟类。
- 对攀岩地区分区，实施不同的攀岩方案。
- 保护岩壁顶部。

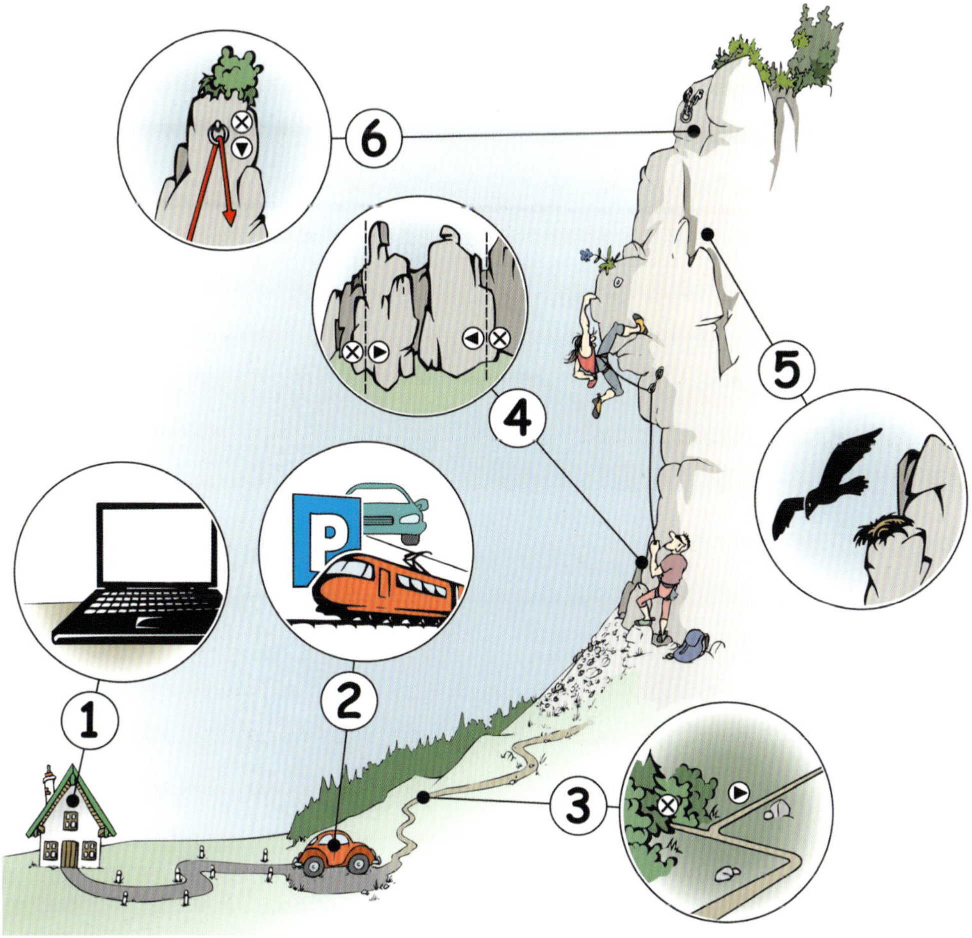

生态考试：你可以正确解释此处显示的主题

术语表

安全系统：防止人掉落至地面的所有固定点和安全措施的总称。

保护者受力：因攀岩者冲坠而引起的攀岩保护者的受力。

不佳快挂位置：必须留出一只手把主绳挂入快挂或顶环，这是高难度攀岩的必备能力。当攀岩者由于没有更好的选择而不得不在一个不佳位置挂入快挂时，该位置就被称作“不佳快挂位置”。

冲坠系数：冲坠距离与有效绳长的比例关系。对攀岩者来说，这个系数最大为“2”。

迪尼玛材料（高分子聚乙烯纤维）：由尼龙与高分子聚乙烯构成的混纺织物。高分子聚乙烯的抗拉强度比尼龙高5倍。在相同强度下，迪尼玛材料所使用的材料重量显著降低。

顶点：路线的终点。攀岩者在这里完成攀登或用绳索下降。

动力绳：攀岩运动使用的绳索。受到冲击力时具有一定的延展性，可以有效保护攀岩者的安全。

回收器材：攀岩者离开路线并将自带的、可取下来的器材全部从岩壁上收回。

机械岩塞：针对岩石裂缝所采用的移动式安全装置，由活动组件构成。

“完成攀登”口令：缩略用语，意为“我已经把自己固定在岩壁上，你可以解除针对我的安全保护了”。

快挂：由两把单锁和一根尼龙（凯夫拉、迪尼玛）扁带组成的装置。为保证攀登的安全性，攀岩者将它们扣入保护点内，扣入时应注意绳索在使用过程中尽可能保持笔直且减少与岩壁的摩擦。

尼龙：制造攀岩主绳和安全带的原料。尼龙熔点低，绳索间摩擦产生的热度会熔断尼龙绳！请注意，硫酸、盐酸、硝酸、磷酸、氢氧化钠、苯酚和过氧化氢都会降低尼龙制品的安全性。

扭绳：绳索扭曲，以致于影响使用或不能使用。

攀石：最初是为解决攀岩难点问题，针对高难度动作而进行的攀登训练，现已发展成一项独立的攀岩运动。

盘绳：为方便携带与收纳，将绳索整理成可快速解开的一捆。可以将绳索中点作为盘绳起点或直接以末端作为盘绳起点。

绳距：自地面至顶环或保护站的攀登路段。

绳索冲坠测试：针对攀岩绳的检测程序。通过测试绳索的冲坠次数，确定攀岩绳的抗拉强度，这个次数依据国际标准和生产商在参数中提供的数值而定。

绳索冲坠应力：绳索因攀岩者坠落而受到的力。

绳索检查：为防止攀爬、下降等过程中绳索上突然出现不必要的绳结，以及破损绳索造成的潜在危险，攀岩者在使用前用双手将绳索捋一遍，完整地检查一遍后再使用。

看攀：不参考任何资料，不观察、参考他人的攀爬，无坠落，一次性成功地对一条路线完成个人首次攀爬。

受力端：与制动端相对，在安全装置的另一侧（上侧）。

双合结：绳环上的加固绳结，普鲁士抓结的先导形式。

丝扣：攀岩主锁上可旋转的连接部分。

丝扣锁：带手动丝扣的主锁。

锁门：用于打开主锁的可移动部件。

绳索隧道：大拇指与其他手指呈环状圈住绳索，而不是紧抓。绳索可以自由穿过手指形成的“隧道”。只有当拇指与其他手指形成封闭的环时，才能实现用制动手控制制动绳的目的。

头盔：攀岩头盔一方面保护攀岩者的头部免受石块砸伤，另一方面避免头部撞击岩壁受伤。头盔分为“硬壳头盔”和“发泡材料头盔”两种。发泡材料头盔中的聚苯乙烯发泡材料可以有效地降低撞击产生的冲击力，同时也十分轻便，因此是攀岩运动护具的理想选择。

屋檐夹角：从相对垂直的岩壁转换到“屋檐”处的弯折区域。

胸式安全带：一种环绕佩戴于胸部与肩部的安全带，应与坐式安全带配合使用，与独立的坐式安全带相比，其目的是将身体的悬挂点向上移动，避免攀岩者上半身向后倾斜，并使攀岩者保持直立的悬挂姿势。使用胸式安全带时，应注意将绳索的连接点置于安全带中心位置。

岩塞：可移动的铝制安全器械，带有为岩石裂缝设计的金属套索。

引导手：以攀岩者视角所看到的，保护者在保护器之前握住绳索的手。

制动端：由制动手在保护器后方握住的绳索一端。

制动手：以攀岩者视角所看到的，保护者在保护器后方握住绳索且持续控制绳索的手。

中继保护点：岩壁上的固定点，多数情况下与快挂相连。

坠落到地面：攀岩者坠落到地面的事故。

罗申

这套丛书全面介绍了德国登山和攀岩的技术和经验，对我国登山和攀岩爱好者而言，是一套很好的、可以学习和借鉴的读物。

——两次登顶珠穆朗玛峰的高级教练

厉国伟

他山之石，可以攻玉！这套丛书对我国攀岩运动的发展有很好的借鉴意义。愿读者在科学、安全、环保的前提下亲近自然、走进雪山、乐享人生！

——中国登山协会副秘书长、国家体育总局登山运动管理中心攀岩部主任、亚洲攀岩理事会竞赛主任

邓军文

这套丛书由嘿森林（北京）体育科技股份有限公司集中引进，丛书对攀岩装备、安全、心理、技术等方面进行了详实的介绍，是攀岩教师、教练员、爱好者不可多得的读物，对从事户外运动的人有极大的帮助。

——我国早期推广普及攀岩运动的大学教师、中国地质大学（北京）体育部副教授

丁祥华

德国登山协会（DAV）多年来大力普及推广攀岩运动，积累了丰富的经验，这套丛书作为其重要成果值得我们学习借鉴。

——第一届全国攀岩锦标赛冠军、国家级教练、国家体育总局登山运动管理中心开发部主任